IBM®
商业价值报告

区块链

BLOCKCHAIN

IBM商业价值研究院 / 著

人民东方出版传媒
People's Oriental Publishing & Media
東方出版社
The Oriental Press

图书在版编目（CIP）数据

IBM 商业价值报告：区块链 /IBM 商业价值研究院 著．—北京：东方出版社，2017.7

ISBN 978-7-5060-9822-9

Ⅰ．①I…　Ⅱ．①I…　Ⅲ．①企业管理—研究报告　Ⅳ．① F272

中国版本图书馆 CIP 数据核字（2017）第 168216 号

IBM 商业价值报告：区块链

（IBM SHANGYE JIAZHI BAOGAO：QUKUAILIAN）

作　　者：IBM 商业价值研究院
责任编辑：刘晋苏
出　　版：东方出版社
发　　行：人民东方出版传媒有限公司
地　　址：北京市东城区东四十条 113 号
邮　　编：100007
印　　刷：北京联兴盛业印刷股份有限公司
版　　次：2017 年 9 月第 1 版
印　　次：2018 年 3 月第 2 次印刷
印　　数：5001—8000 册
开　　本：710 毫米 ×1000 毫米　1/16
印　　张：15
字　　数：240 千字
书　　号：ISBN 978-7-5060-9822-9
定　　价：68.00 元
发行电话：（010）85924663　85924644　85924641

目　录

CONTENTS

第 5 章 区块链对电子行业的意义

——洞悉供应链，降低复杂性

第 6 章 医疗保健业集结于区块链

——以患者为中心

第 7 章 建立政府公信力

——探索区块链的潜在价值

序　一

做区块链的积极探索者

陈黎明

IBM 大中华区董事长

在全球所有行业和地区中，平均有 33% 的企业已经在考虑区块链或已积极参与区块链，这是 IBM 对全球近 3000 位企业最高层主管开展调研得出的结论。

很显然，在本书出版的 2017 年夏末，关于“区块链到底能做什么”的探讨已经过时：不仅国务院将区块链列入《“十三五”国家信息化规划》，将其定为战略性前沿技术，而且中国企业对区块链技术表现出来的热情，也超过了其他国家。

个中原因之一，就是中国的企业家，不论所在企业是国有、民营或合资的性质，都对新技术抱有非常开放的态度，有远见的企业领袖很快就从国外先行者身上看到，区块链可以成为助力企业转型发展的跳板。

例如，作为运输物流行业的全球领军企业，马士基在 2014 年发现，仅仅是将冷冻货物从东非运到欧洲这一个任务，就需要经过近 30 个人员和组织进行超过 200 次的沟通和交流。

那是在区块链技术投入使用之前的情况。

现在，IBM 通过帮助马士基构建区块链解决方案，在货运公司、货运代理商、海运承运商、港口和海关当局等物流各方之间实现了信息透明，从而大大降低贸易成本和复杂性，帮助企业减少欺诈和错误，缩短产品在运输和海运过程中所花的时间，优化库存管理，最终减少浪费并降低成本。预计该区块链解决方案在大规模应用后有望为海运行业每年节省数十亿美元。

在中国，区块链的应用场景已然比比皆是，从金融行业的债券、股票，到供应链、物流、医疗、能源、环保，甚至在政府监管和行政管理领域，区块链的活跃程度一直在稳步上升。

从2016年第二季度开始，IBM就陆续跟国内各大银行、股份制银行、金融机构、证券公司等在银行、保险、供应链金融、物流等领域就区块链技术展开合作。

在国外，IBM 正与金融服务、供应链、物联网、风险管理、数字版权管理和医疗保健等领域的 400 多家公司积极合作，实现区块链的商业化应用。

例如，2017 年 1 月，IBM 协助中国领先的大型零售银行中国邮政储蓄银行银行成功推出基于区块链的资产托管系统，在由资产委托方、资产管理方、资产托管方、投资顾问、审计方等五种角色共同参与的业务场景中实现了信息的多方实时共享，免去了重复信用校验的过程，将原有业务环节缩短 60%-80%。

这是中国银行业将区块链技术应用于银行核心业务系统的首次成功

实践。

如果你也对区块链感兴趣，希望加入区块链探索者行列，本书精选了 IBM 商业价值研究院近年来在区块链领域的研究成果，生动展现区块链技术在政府、银行、金融、电子、医疗等不同领域的应用场景，愿能助你一臂之力，制定区块链时代的企业发展新方略。

2017 年 7 月

序　二

创新前沿的区块链

Veena Pureswaran

IBM 商业价值研究院 区块链研究带头人

几个世纪以来，新技术在塑造社会和商业方面发挥了关键作用。仅在过去的几十年里，从互联网、移动和社交媒体而来的技术创新就从根本上改变了我们的互动方式，无论是个人还是企业。

区块链是位于当今世界创新前沿的一门新兴技术。这种分布式总帐技术帮助业务网络中的参与者共享一本总帐，各方都可以了解交易的每一步进展。总帐上的所有交易都经过参与方一致同意，区块链为这一业务网络创建了不可磨灭的交易记录。

区块链从根本上改变了交易的方式——区块链可以减少交易成本、缩短交易时间、降低交易风险，并为新的商业模式创造机会。因此，区块链技术有潜力促进诸多不同行业的经济繁荣。

设想一下未来的场景：你可以实时完成家庭所需的各种采购；可以

追踪食物从农场到餐桌的全部环节；可以向邻居出售家中富余的太阳能电池板。借助基于区块链的信任交易，这些都正在变为现实。

了解和预测新兴技术的影响一直是一项令人兴奋的工作。在 IBM 商业价值研究院，我们自 2014 年起一直围绕区块链展开研究。通过经济建模，分析区块链早期探索者的经验教训，深入和广泛的调研，听取专家意见，我们将区块链研究不断引向深入，为这一巨大的商业机遇提供独树一帜的见解。

本专辑旨在引导您的区块链旅程。无论您是刚开始了解区块链对所在行业的影响，或者是区块链先锋，正试图重塑企业的战略，我期望，您能在本书中找到有价值的内容。我们一如继往，随时欢迎讨论和参与。

2017 年 7 月

第 1 章

携手共进

——区块链积极探索者采用三种方式绘制新蓝图

调研团队：IBM 商业价值研究院

起　点

数十年来，接连不断的技术浪潮以及随之而来的颠覆性变革让既有标准一次次成为历史。对于区块链的领先者而言，这种技术最具有代表性的特征就是开放。未知的前路不会成为阻碍，反而会激发他们绘制战略蓝图。快速学习的能力与快速适应的能力一样重要。随着行业间的界限日益模糊，开放乃是大势所趋。与锐意进取的同行以及合作伙伴携手创新是成功的必由之路。

1 意想不到的演变

有时候，老树也会开出新花。信任机制便是这样。几个世纪以前，随着第一条全球贸易路线的开辟，以法律条文形式规定信任机制的需求也应运而生。目前，中介机构承担着信任管理者的角色。我们支付相应的费用，请他们监控、认证和检查与信任相关的事宜。我们需要由公证人员在纸质文件上盖章，这样的流程使得与贸易相关的交易必须在线下进行，因而往往效率低下。

而在区块链上，数据可以在可扩展的个人和机构群体之间进行实时共享。每个事件和交易都有时间戳记，成为一条长链或永久性记录的一部分，且无法在事后被篡改。在设置了许可权的区块链上，各方可以通过协议确保隐私性，比如确定哪些参与方可以查看哪些交易，如果需要，还可以掩盖参与方的身份。

> “区块链的核心概念是共享式总账，支持业务网络中的参与者在大家共同控制的环境而非某方独自控制的环境中进行资产交易。”
>
> ——Leanne Kemp，英国 Everledger 公司首席执行官兼创始人

信任可以融入到区块链交易中。这样就带来了新的变革力量。

在对全球近 3,000 位最高层主管开展的调研中，我们发现在所有行业和地区中，平均有 33% 的企业已在考虑区块链，或已积极参与区块链（见图 1.1）。在本次调研中，对区块链表现出浓厚兴趣的一些企业已经在试验、试运行或实施区块链——我们称之为积极探索者。

当然，各行各业中积极探索者的数量不尽相同。在 IBM 商业价值研究院早前有关区块链行业观点的调研中，我们发现某些行业参与区块链的积极性很高。[1] 例如，在银行业和金融市场中，积极探索者占到正在考虑或积极参与区块链的受访企业的三分之一。调研结果同时表明，早期阶段各行业中区块链的活跃度在稳步上升。

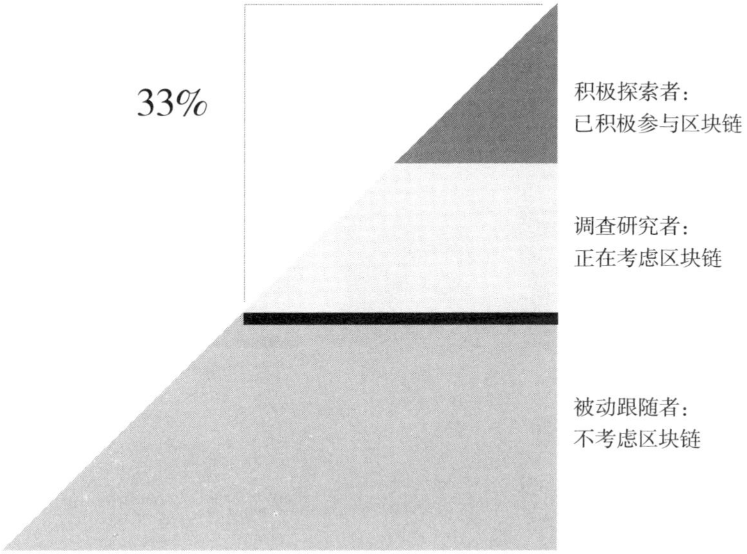

图 1.1　初始阶段：不同地区、不同行业中的企业纷纷开始采用区块链技术

在调研涉及的所有 20 个行业中，积极探索者所占比例平均为 8%。无论在哪个行业，积极探索者的特征都非常相似。他们具有类似的计划和看法，包括对技术充满信心。正如新西兰一家 IT 和专业服务行业的积极探索者企业的 CHRO 所说："科技创新能够帮助企业满足未来新的市场需求，通过生态系统创造全新的产品和服务。"而那些尚未考虑区块链的企业，即被动跟随者，则完全不具备这些特质。

这 15 年来，在我们对最高层主管进行的主要研究中，本次调研所发现的积极探索者是最独特的一个群体。这种独特性首先体现在他们的竞争能力上。如果从收入、利润增长以及创新等方面来衡量，他们通常都是行业中的领先者。这些具有冒险精神的企业还表示，他们更善于应对新出现的商业趋势。他们确信自己制定了正确的战略，并且拥有丰富的资源，能够推动企业自身以及所处行业实现变革（见图 1.2）。

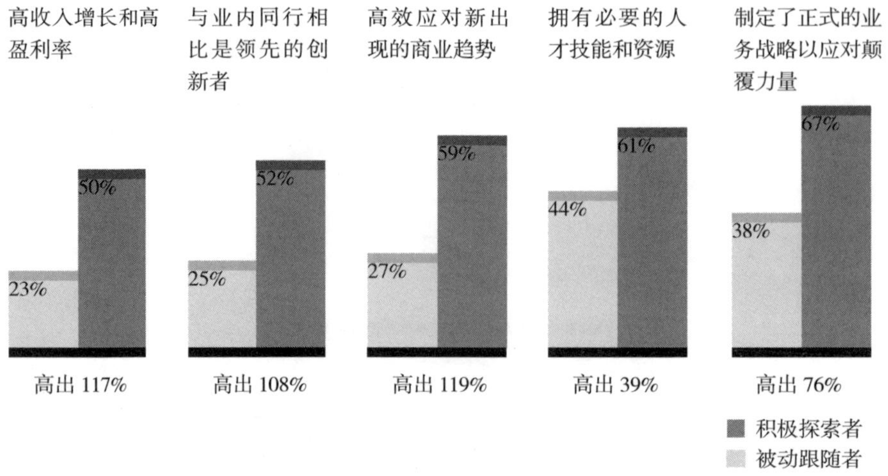

图 1.2　独领风骚：区块链的率先采用者奠定了自己的竞争优势

积极探索者所面临的一个挑战在于，区块链不仅仅是一项新技术，它还可能彻底改变企业的运营模式、创收模式以及企业应对客户、合作伙伴及竞争对手的方式。新的业务模式可能会以意想不到的方式发展。

有一段时间，我们认为企业会对新业务模式的不同方面进行试验和测试，看看哪些最有效。对于一些企业来说，对区块链持观望态度可能是他们踌躇不前的原因。而积极探索者没有丝毫犹豫，他们的目标是确立目前的优势，建立无可争议的领先地位。

我们能从积极探索者身上学到什么呢？我们将在以下三个小节中详细阐释研究成果：

一往无前：探索未知领域

建立跳板：瞄准新平台业务模式

掀起潮流：扶植合作伙伴与竞争对手

"区块链可以帮助我们建立具有巨大潜力的新业务模式，在正确的方向积极推动利润增长。"

——巴西某零售业首席营销官

2 一往无前：探索未知领域

积极探索者是区块链的早期采用者，他们正将数字化颠覆带来的不确定性转变为自身的独特优势。正在经历行业颠覆大潮的积极探索者的数量是被动跟随者的两倍（见图 1.3）。颠覆的类型也各有不同。

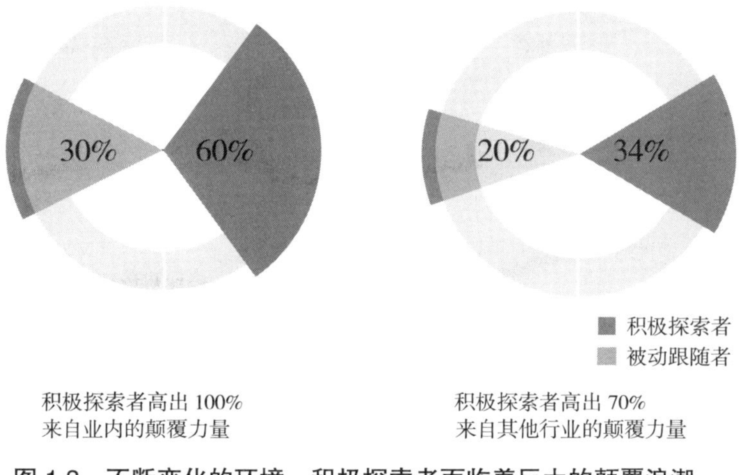

图 1.3 不断变化的环境：积极探索者面临着巨大的颠覆浪潮

与被动跟随者相比，更多的积极探索者认为会面临来自其他行业竞争对手的威胁。他们认为这样跨行业的竞争对手会越来越多地出现在前进道路上。他们知道，竞争对手通常不会真正进入一个新的市场，而是在行业边缘获取利益，他们更有可能颠覆行业现有参与者。

尽管存在来自新竞争对手的威胁，但积极探索者仍认为颠覆更像是顺风而非龙卷风，这股顺风可以推动他们不断前进。积极探索者告诉我们，实际上，他们更倾向于参与颠覆大潮，而不是保护现有地位。20% 的积极探索者计划通过彻底改变游戏规则来颠覆市场或行业，而有此计划的被动跟随者仅有 5%（见图 1.4）。此外，64% 的积极探索者认为时不我待，而持相同观点的被动跟随者只有 30%，他们需要立即着手实施企业重塑。

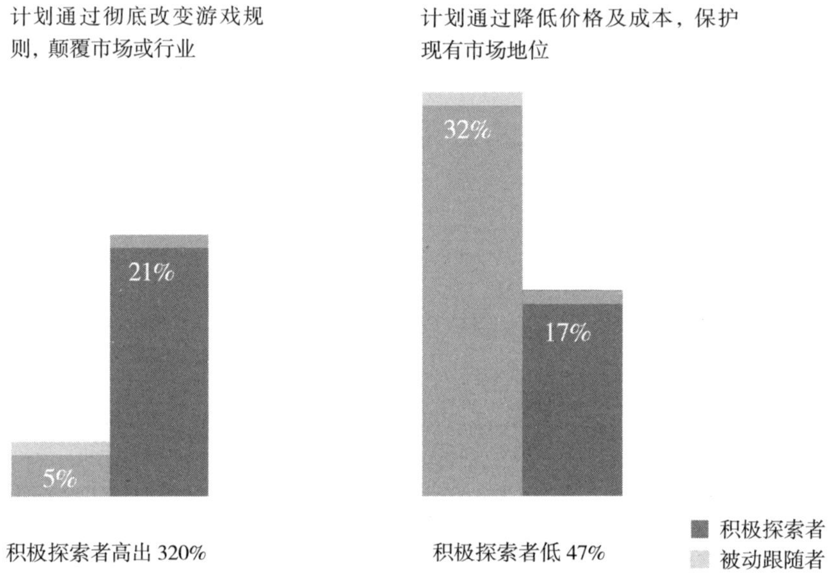

图 1.4　迎难而上：积极探索者更倾向于参与颠覆大潮，而不是保护现有地位

信任催化剂

积极探索者告诉我们，数据就是他们的向导。他们采用数据和分析为企业战略提供洞察的可能性是被动跟随者的两倍。74% 的受访积极探索者借助技术，转变与客户开展互动和交易的方式，而被动跟随者的这个比例为 45% 。

所有的积极探索者都希望区块链能够以某种方式支持企业战略。60% 的积极探索者表示，区块链技术通过在数据和交易中增强可信度和透明度，能够最有效地支持企业战略（见图 1.5）。

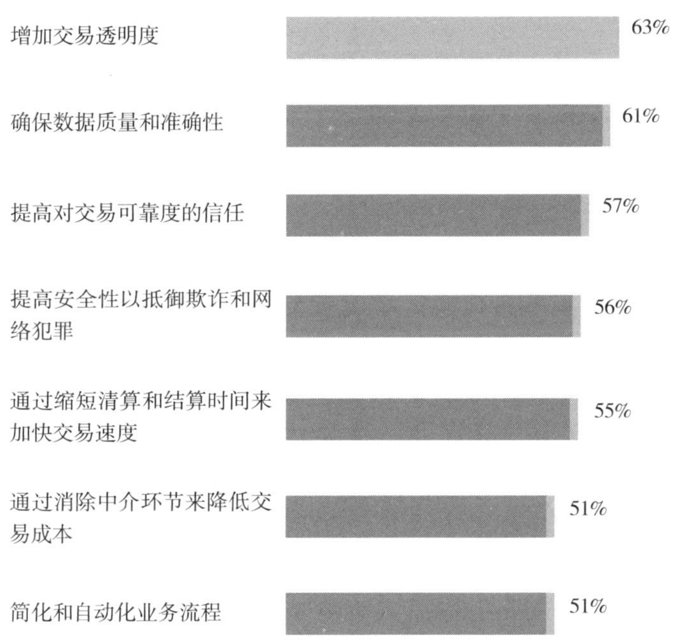

图 1.5　信任体系：100% 的积极探索者希望区块链能够以某种方式支持企业战略

区块链能够以多种方式帮助建立信任。交易的透明度有助于建立可追溯的审计追踪。“区块链可以帮助制药企业紧跟法规要求”，印度某生命科学行业的 CEO 说道。其他行业则希望区块链的可追溯性能够改善流程及合作伙伴工作交接。智能合约可以对各方的承诺进行编码，确保他们遵守各自的承诺。一位美国政府机构的 CIO 表示，这些智能合约“不仅让我们有能力记录产权，还能够有效实施相关权利”。

信任体系

过去的表现可以造就企业如今的声誉。某汽车供应商是否定期按时提供零部件？某初创企业是否真的值得信任？区块链有能力使生态系统实现民主化——使小公司更容易证明自己的可信度。信任的理由可以更方便、更详尽地得到验证。区块链上的记录数据可以证明葡萄酒是否已发货，并在运输过程中是否保持适当的温度。当货物通关或通港时，如果企业能够实时掌握货物的位置信息，就可以动态地优化供应链。

在区块链上证明货物的来源益处多多，比如防止假冒半导体充斥市场，以及及时防止受污染的食物引起疾病大规模爆发，等等。中国颁布了新的法规，要求实施更好的追踪记录，以确保食品安全，而沃尔玛也正在开展一个项目试点，对猪肉进行从养殖到肉制品出厂的供应链全程追溯，在区块链上捕获存储温度、保质期等数据。[2]

"区块链具备建立庞大而全面的信任网络的潜力。"

——日本某电子品企业首席人力资源官

正如我们将在后续章节看到的，在 2017 年，医疗保健行业开始加快采用区块链的节奏，而且理由充分。[3] 信任对于哪个行业来说更重要？机遇是无限的——访问患者的终身数据具有改变生命质量的意义，区块链在这方面的表现相当出色。

如果医生诊疗记录或可穿戴健康设备中的每一个生命体征信号、所有用药记录以及病情和手术信息都可以在区块链上安全地共享，那么医疗护理的质量和协调性将显著提升，成本将大幅下降。医疗保健行业的最高层主管终于可以兑现对个性化医疗的承诺。该行业中考虑实施或已经积极参与区块链的组织明显多于其行业中的被动跟随者，他们表示，希望引入以患者为中心的医疗保健体系和个性化的患者服务。

"区块链有能力提高供应链的透明度，帮助我们打造更加值得信任、更可靠的形象。"

——意大利某电子品行业首席营销官

顺势而为

由于区块链能够提升价值链的可信度和透明度，企业可能需要以目前仍无法预见的方式开展合作与竞争。"可信的中介机构可能面临被淘汰的局面"，中国某工业品行业的 CFO 如是说，而且这一观点得到了广泛认同。随着区块链支持下的价值链不断发展，许多中介机构将不可避免地退出历史舞台。然而，轻资产型的初创企业也有可能对曾经将他们拒之门外的市场带来巨大冲击。利润可能会流向新的领域，也可能会因为低成本服务的激增而大幅减少。行业之间的界线越来越模糊，甚至可能会随着生态系统的发展而完全消失。

传统上，先行者主要通过控制资源来排除竞争对手，从而获得优势。而区块链的率先采用者正在学习通过其他方式获得价值：成为最早了解未来发展趋势的企业 。这些率先采用者了解到新的可能性后，可以开始对区块链应用和新业务模式的未来发展方向产生影响。积极探索者敢为人先，不仅仅是开始参与新业务模式的发展，而且还积极定义发展模式，以确立成功条件。

探索者已经做好快速发展的准备，不断把握新出现的机遇，始终保持领先地位。积极探索者了解需求，正如比利时某政府机构的 CIO Peter Crombecq 所说："我们必须足够敏捷，预测数字化颠覆大潮的到来，即使不知道未来究竟会出现怎样的颠覆。"

积极探索者采用明确定义的方法开展学习和试验活动。接近三分之二的积极探索者对快速失败和创新成功都进行奖励。超过一半的积极探索者善于快速建立原型，以迭代方式不断完善战略（见图 1.6）。他们是典型的设计思维方法采用者。作家 Steven Johnson 说，战略性的设计思维是一种"源于谦逊的方式，也就是'我有办法，但没有答案'"[4]。答案要在实践中寻找。

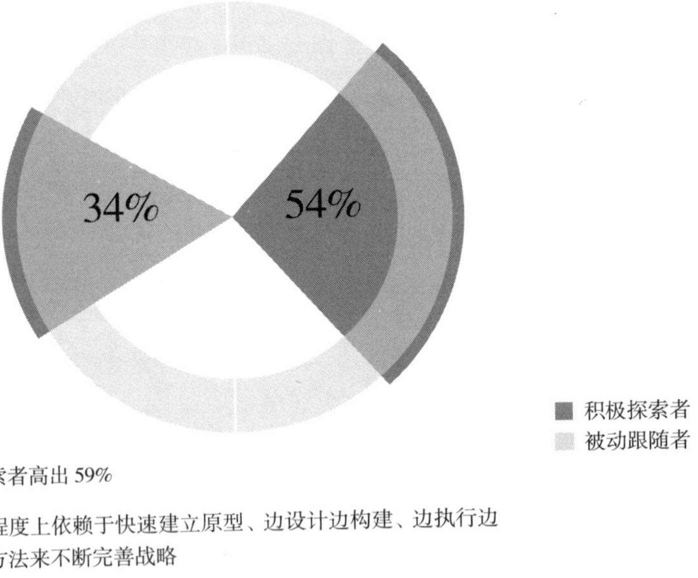

图 1.6　锐意变革：积极探索者擅于采用快速迭代式战略

我们的最高层主管调研有时会发现业务主管和 IT 主管之间令人烦恼的隔阂。而采用上述方法后，这样的隔阂就不存在了。积极探索者企业从设计思维的角度来完善战略，一半的积极探索者企业 CIO 表示，他们有效地将设计思维应用于企业的 IT 职能部门，而只有 29% 的被动跟随者这样做。业务部门与 IT 部门得以完美协调。或者更准确地说，至少有一半关注区块链的企业做到了两者协调。

3 建立跳板：瞄准新平台业务模式

区块链为新的工作方式创造了卓越的平台，也可以将其想象为跳板，为企业指引新的发展方向。积极探索者通常能够大胆思考，已经注意到了这些可能的新方向。

80% 的积极探索者投资于区块链技术，以应对行业中利润池的变化，或是为了把握有助于发展新业务模式的机遇。他们致力于彻底改造。在业务模式受到威胁的企业中，有超过一半的积极探索者希望在自己的行业或其他行业中推出全新的业务模式，而被动跟随者的这一比例仅为三分之一多一点（见图 1.7）。

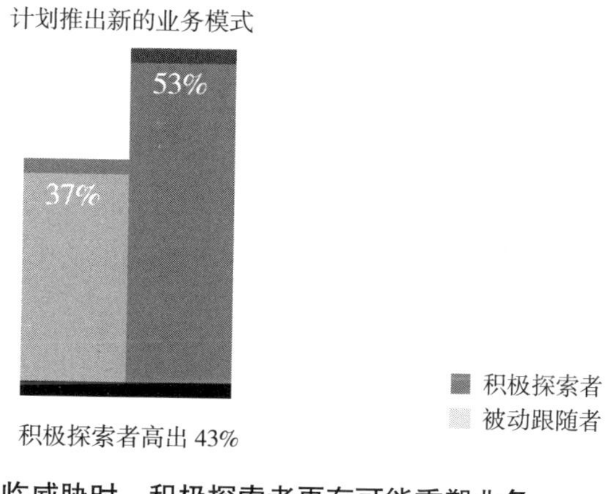

图 1.7 全力投入：面临威胁时，积极探索者更有可能重塑业务

开放交易

当被问及哪些趋势将重塑他们的业务模式时，积极探索者们将新的盈利和创收方式列为最主要的变革推动因素。60% 的积极探索者认为，新支付方式和共享经济最有可能影响其战略方向（见图 1.8）。

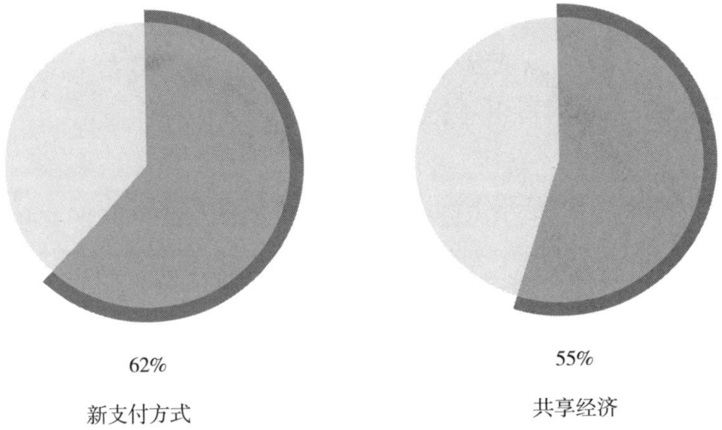

图 1.8　收获之日：积极探索者发现了帮助企业盈利和创收的新机遇

一些积极探索者表示，他们可以在区块链上支持小额支付，从而避免中介机构的附加费用。还有人认为，他们可以更有效地管理“基于 SIP”的服务。有人预计，这些区块链可以将各种媒体直接置于其创建者的控制之下，从而解决与全球许可和版权费相关的难题。

印度尼西亚某电子品行业 CMO 发现，区块链技术可以支持他们从数据中实现经济效益，而目前，数据还只是一种没有商品化的资产。德国某媒体与娱乐行业 CHRO 表示，区块链甚至可以“推动经济增长，它有能力支持初创企业，甚至是偏远地区的初创企业，将构想转变为实际的经济效益”。

“区块链可能会终结电子商务，因为地球上的任何两个人之间都可以直接相互交易，而不需要依赖于中介机构。”

——台湾地区某消费品行业首席运营官

美国某旅游行业 CEO 表示：“区块链引领着通往共享经济之路。”香港某保险业 CEO 表示，区块链“将改变行业运作模式，客户将不需要让保险公司为车辆提供保险，而是可以选择点对点形式的保单”。例如，如果独立车队司机的驾驶记录可以在区块链上进行跟踪和分析，那么他们可以选择相互投保。

并不是所有点对点平台都需要建立在个体之间。积极探索者也认为区块链可以在企业间建立价值交换，比如共享基础架构。实业家认为，从工厂到车队的一切资源都可以在区块链上得到广泛共享和有效利用，并可从中获得经济效益。医院可以考虑如何共享如磁共振成像（MRI）机器这样的昂贵设备，从而实现互惠互利。美国某医疗保健行业的积极探索者 CHRO 发现，区块链“可以通过降低创建和运营平台的成本，实现共享经济民主化”。

在平台上借助同行的力量

66% 的积极探索者正在尝试一种完全不同的业务模式——平台模式，这种模式将人、资源和企业都连接在一个互动式生态系统中，从而创造出全新形态的价值。而只有 11% 的被动跟随者积极考虑了这一新机遇（见图 1.9）。

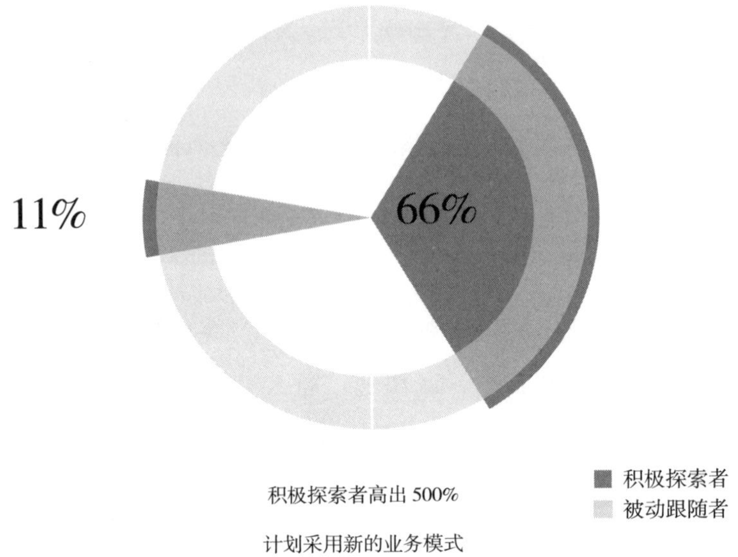

图 1.9　快速起步：积极探索者踊跃采用新平台业务模式

新旧业务模式之间的区别可以描述为管道和平台之间的差异。传统业务模式就像是管道，各个企业开展合作，将商品或服务推向客户。传统的价值链是线性的，而新的业务平台模式则不是线性的。在平台模式中，生态系统中的生产者和消费者紧密联系，共同创造新价值。平台的创建者或所有者通常负责管理平台，尽可能快速地进行扩展，实现网络效应。

> "利用区块链，我们可以实现跨行业连接，为客户提供多元化的平台，支持他们购买不同的产品。"
>
> ——巴西某电信业首席信息官

战略家 John Hagel 认为，区块链特别适合参与平台模式生态系统的企业充分利用数据流的价值。随着时间的推移，通过访问来自区块链的共享数据，平台参与者就能够创建新的个性化服务。[5]

加拿大的六家主要银行开展合作，共同创建了一项数字身份服务，客户可以使用该服务在其他企业（比如手机运营商或公用事业企业）中开户。银行为了遵守法规而建立的“了解您的客户（KYC）”数据成了客户身份密钥的基础。银行与政府机构合作，允许其他企业使用身份密钥。如果新客户在其他地方进行过身份验证，这些企业就不需要再重复 KYC 流程。当客户在银行业以外的机构使用数字身份时，银行将收取费用。

各参与方都可以从该平台中获益：个人获得了易用性，参与方银行实现了收入流，而平台上的其他组织则获得了快速验证新客户身份和历史记录的新方法。该服务在加拿大目前处于测试阶段，一旦在 2017 年下半年正式投入使用，加拿大消费者将能够使用移动应用，选择加入基于区块链的新身份网络。[6]

Mahindra Group 是印度最大和最多元化的跨国公司之一，其财务部门正牵头与 IBM 开展合作。区块链可以帮助 Mahindra 改进与原始设备制造商（OEM）合作的供应商的发票贴现流程。以折扣价捆绑和销售未付账单或发票的做法在印度司空见惯，这也是供应商的主要营运资金来源。但从历史经验上看，这个流程既缓慢又容易出错，还可能导致付款和信贷获得的延迟。通过采用共享总账，及时性和准确性均得到显著提升。

Mahindra 未来的目标是扩大 OEM 和供应商的参与数量，并覆盖到其他金融机构。因为区块链上的智能合约可以确保竞争性信息得到妥善保护和隐藏，所以针对供应链融资建立开放式生态系统平台现在已成为可能。说到他们在区块链方面做出的努力，Mahindra & Mahindra Ltd. 的战略集团总裁 Anish Shah 说：“我们的想法是，如果有什么可以颠覆我们的现状，我们就应该参与到其中。”[7]

注意：颠覆大潮即将来袭

创建平台业务模式并不适合胆小者。60% 的积极探索者企业 CIO 承认，他们还不善于通过建立平台将整个生态系统中的客户及合作伙伴联系起来。对于业务方面而言，迁移到平台可能需要做出一些困难的选择，这和颠覆企业自身收入流的可怕程度差不多。积极探索者的 CEO 承认，在过去，面对业务被蚕食的前景时，他们选择视而不见。现在，他们有勇气坚持到底吗？

“区块链可以取代目前大多数公司所采用的集中化业务模式。”

——英国某零售业首席营销官

4 掀起潮流：扶植合作伙伴与竞争对手

健全的生态系统促使了新规则的形成。因为整体的力量大于个体力量的总和，所以分布式生态系统中的每个参与者都有提升或降低网络成功率的可能性。丰富多样的生态系统中，薄弱环节将被淘汰，但有时候大力扶植薄弱环节会更有意义，因为这样可以使整体变得更加强大。

在基于平台的业务模式之上，力量会催生更强的力量。企业通常会想方设法利用竞争对手的力量，将其转变为自己的优势。因此，许多企业可能会选择将自己的心态从封锁竞争对手转变为扶植他们。

区块链上的同行一开始对于底层区块链技术都具有相同的安全级别、交易透明度、控制力和理解。他们的互动决定了所产生的区块链网络的力量有多强大，能否取得成功。

坚持开放

“涨潮”经济理论是那种在抽象层面上听起来很合理的概念之一，但如果您是首席财务官，试图说服金融分析师相信，贵企业已经建立了不可攻破的“防御体系”，就会发现这个概念其实并不那么靠谱。大多数企业都不会关心他们业务合作伙伴的利益，更不用说竞争对手了。

积极探索者表示，他们善于创造富有吸引力的客户体验，并从客户那里获得意见，用于设计企业的流程。与被动跟随者相比，有更多的积极探索者将他们与客户的互动视作永恒的主题。他们对与合作伙伴的合作并无十分把握，但又很确信自己的能力在平均分之上。重要的是，他们认识到自己身上存在的一个短板——超过半数的积极探索者承认，他们还没有建立理想的合作伙伴网络来实现自己的愿景。

迄今为止，积极探索者与竞争手之间的关系与我们调研中的所有其他企业没有什么不同。80% 的积极探索者承认他们不习惯与竞争对手开展合作，即使是对有选择性的合作也是如此。缺乏与竞争对手合作的经验，这是目前所有企业存在的通病。积极探索者将成为第一批在这方面进行改变的企业，虽然困难重重，但这种新的合作能力可以帮助他们保持长久的竞争优势。

在区块链上各方可以共享数据，而且交易是透明的，安全性不受影响。基于许可权的区块链实施基于身份的策略，可以限制对数据和网络参与的访问。这可以确保参与企业遵守数据保护法规。在控制附加于区块链的数据的一致性方面，基于许可权的区块链也更有效，并支持企业基于区块链建立更细粒度的决策流程。

有了许可权和信任，就可以构建和使用从根本上改变业务模式的实用程序。

随着越来越多的企业转向平台业务模式，对于开放式合作的需求将有增无减。而区块链可以提供支持。算法和人工智能技术可用于实现自动化。但是，人类只有准备好放弃根深蒂固的原有观念，才能让这一切成为现实。

积极探索者认识到，他们需要与竞争对手合作，以推动各行业中区块链的发展。70% 的积极探索者认为，行业联盟对于他们的区块链项目意义重大（见图 1.10）。当然，行业联盟是竞争对手开展合作的“安全区”。据估计，目前全球存在超过 100 个区块链联盟。许多联盟都是企业探索可能性的试验场，但是这些联盟最重要的功能，可能是就标准达成一致。如果没有标准，区块链将寸步难行。

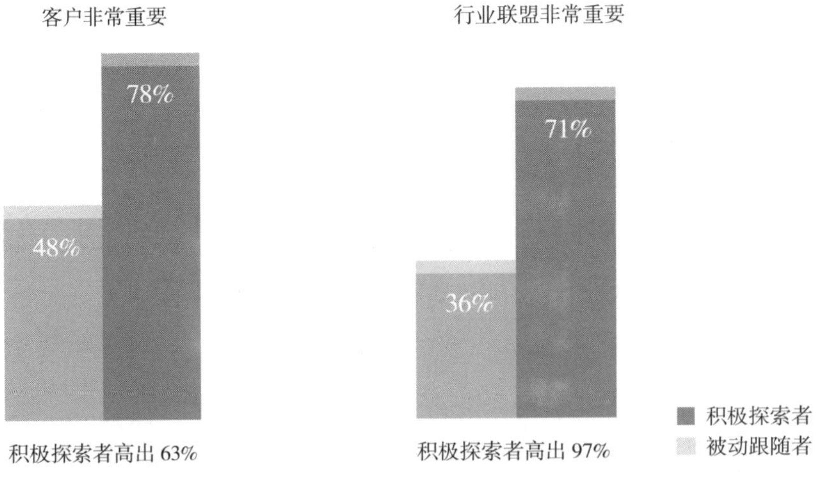

图 1.10　试验场：积极探索者认识到客户及行业联盟对于推动区块链发展的价值

"因为区块链基于网络方法，所以尽可能减少参与者数量以抵消建立基础架构的成本，就显得非常重要。"

——澳大利亚某政府机构首席运营官

全球贸易路线

在平台业务模式上，优势战略已经从控制独特的内部资源、设立竞争壁垒，转变为统筹安排外部资源、参与充满活力的社区。IBM 和交通运输与物流领域的全球领军企业 Maersk 合作，已经在统筹布局这样一个社区。Maersk 很快将会发布区块链平台，将发货方、货运代理、海运商、港口以及海关当局连接成一个供应链生态系统。

在 2014 年的试运行项目中，Maersk 发现，仅一次从东非到欧洲的冷藏食品运输就要由将近 30 个人或组织经手，致使他们之间产生 200 多次不同的互动与沟通。由于担心真实性和欺诈问题，直到最近，大部分的上述沟通还是保留了纸质文件。[8]

与贸易文档处理和管理相关的成本估计将占到实际运输成本的五分之一。[9] 纸质文件的丢失、错放或延误都会使运输停滞，降低优化运输的效果，甚至会导致新鲜食品腐败变质。

"我们正在与 IBM 合作开展的项目，旨在探索如何运用区块链等颠覆性技术，解决客户的实际问题，为整个行业创造全新的创新型业务模式，" Maersk 首席数字官 Ibrahim Gokcen 说道，"我们希望正在开发的解决方案不但可以帮助消费者降低商品成本，还可以让来自新兴经济体和发达经济体的更多参与者更方便地加入到全球贸易中来。"[10]

Everledger 是基于区块链的一种新服务，它还采用了生态系统方法。Everledger 可以在整个供应链上跟踪每一块钻石，从未加工钻石在非冲突认证阶段，到钻石被切割、打磨和销售。Everledger 区块链上的合作伙伴包括保险公司、执法机构以及钻石认证机构。每个合作伙伴都可通过 Everledger 的应用编程接口（API）访问和提供数据，帮助跟踪钻石的整个生命周期。警方报告、保单信息以及其他敏感信息都得到保密，需要有许可权才能访问。

> “我利用区块链技术，可以看到汽车行业中所有主要的参与者。信息可以公开访问，但更新需要许可权，因此可以放心存储所有者的全部数据，包括维修、保险索赔等信息。”
>
> ——澳大利亚某汽车行业首席运营官

Everledger 的首席执行官兼创始人 Leanne Kemp 设想的业务模式是这样的：不但可以帮助所有参与者降低风险，还可以建立新的收入模式和金融服务。银行可以更好地为钻石供应链提供融资；保险公司可以选择将保险范围覆盖到钻石的整个生命周期，而不仅仅是针对目前的所有者。“我们不是颠覆者，”Kemp 说道，“我们在共同发展这个行业。”她指出，Everledger 证明了“行业联盟可以发挥的巨大威力”。迄今为止，Everledger 跟踪着超过 100 万枚钻石，该系统很快将拓展到高端葡萄酒行业。

虽然区块链对工作和形成网络的新方式产生了影响，但有一点始终没有改变：不管是在传统市场中运营还是开展共享式交易，无论是采用线性价值链方法还是参与生态系统，信任始终是最可靠的成功基石。正如澳大利亚某零售业首席运营官所说：“客户的信任来之不易，失之却易。在区块链时代，由于可以证明信任，因此能够实现交易的爆炸性增长。”

> “供应链和贸易金融的数字化转型，为智能合同和区块链带来了最激动人心的机遇。”
>
> ——美国某金融服务业首席信息官

5 指示新方向：从积极探索者身上学到的三个经验

1. 统筹规划经济优势

新平台业务模式需要充分利用与生态系统的互动。企业应当善于借助他人的力量，但是，平台要想发展壮大，所有参与者就必须分享一定程度的自身经济优势。

企业应当首先发现新的机遇，让数据和新型支付模式产生经济效益。但是，对于平台创建者角色的企业来说，需要牢牢记住的是，必须将生产和消费实体（有些实体兼备这两种角色）吸引到这些多方参与的网络中来。要在网络中留住这些实体，就需要所有参与方群策群力，找到实现优势之道。如果生产商发现事与愿违，即他们被边缘化或商品化了，他们就可能不想在网络中再待下去。

2. 建立信任圈

行业联盟迅速激增，不断形成有关业务标准的协议，以使企业能够跨越地区边界建立联系。

但是，在实施的起步阶段，许多企业往往寻找“车库联盟”或较小型的行业合作伙伴信任团体，一些人称之为“最小型的可行生态系统”。[11] 在此，合作伙伴不仅可以学到如何开发试点项目，通常还能学会如何互利合作。随着时间的推移，他们可以成为更困难合作的试验场，包括实践与竞争对手和谐共处。

3. 快速学习，开放包容

对于那些认为最好再观望一下的企业，是时候好好想清楚了。区块链率先采用者正在获得“肌肉记忆效应”和经验，那些畏缩不前的企业根本无法快速复制。另外，首批被建立的平台很可能决定未来几十年的区块链发展方向。

已知的是，它们可以提供高水平的信任度和透明度。而未知的是，随着企业、个人、合作伙伴和客户可以访问以前无法接触的数据，他们将做出何种反应？动态即时的优化是否会快速成为常态？小型企业加入联盟是否会让巨头感到不舒服？最成功的企业是否会利用他们的区块链专业知识，从一个行业跳到另一个行业？

我们的研究方法

我们采访了全球 80 多个国家或地区、20 个行业的 2,965 名最高层主管。信息是通过电话采访与面对面访谈两种方式收集而来，调研期为

2017 年 1 月至 3 月。我们运用 IBM Watson Natural Language Classifier 对记录的参与者意见进行了文本分析，该服务运用 Watson 的强大认知能力，对提交的非结构化文本集进行分类，并对用于开发一组主题（“分类器”）的训练例程做出响应。

注释和来源

1 Blockchain series web site. IBM Institute for Business Value. https://www-935.ibm.com/services/us/gbs/thoughtleadership/blockchainlibrary.html

2 Hackett, Robert. “ Walmart and IBM Are Partnering to Put Chinese Pork on a Blockchain. ” *Fortune* Tech. October 19, 2016. http://fortune.com/2016/10/19/walmart-ibm-blockchain-china-pork/

3 Hogan, Sean, Heather Fraser, Peter Korsten, Veena Pureswaran and Ramesh Gopinath. “ Healthcare rallies for blockchains: Keeping patients at the center. ” IBM Institute for Business Value. December 2016. https://www-01.ibm.com/common/ssi/cgi-bin/ssialias?htmlfid=GBE03790USEN

4 Johnson, Steven. *The Innovator's cookbook: Essentials for inventing what is next.* Riverhead Books. 2011.

5 Hagel, John. “ The Big Shift in Business Models.” *The Marketing Journal.* May 16, 2016. http://www.marketingjournal.org/the-big-shift-in-business-models-john-hagel/

6 IBM press release. “ IBM and SecureKey Technologies to Deliver Blockchain-Based Digital Identity Network for Consumers. ” March 20, 2017. https://www-03.ibm. com/press/us/en/pressrelease/51841.wss

7 Shah, Anish. “ Disrupting supply chain financing with blockchain at Mahindra. ” March 21, 2017. https://www.ibm.com/blogs/blockchain/2017/03/disrupting-supply-chain-financing-mahindra/

8 Castillo, Michael del. “ The World’ s Largest Shipping Firm Now Tracks Cargo on Blockchain ” CoinDesk. March 5, 2017. http://www.coindesk.com/worlds-largest-shipping-company-tracking-cargo-blockchain/

9 IBM press release. “ Maersk and IBM Unveil First Industry-Wide Cross-Border Supply Chain Solution on Blockchain. ” March 05, 2017. http://www-03.ibm.com/press/us/en/pressrelease/51712.wss

10 Ibid.

11 Parker, Geoffrey G., Marshall W. Van Alstyne and Sangeet Paul Choudary. *Platform Revolution: How Networked Markets Are Transforming the Economy —and How to Make Them Work for You.* W.W. Norton & Co. 2016.

第 2 章

全速前进：中国观点

——跟随区块链，重新思考企业、生态系统和经济模式

调研团队：王允臻、夏勇、詹颖、王晓峰、董宁

通过区块链技术推动业务发展

几个世纪以来，全球贸易一直是人类历史上最强大的“财富创造者”，没有之一；但市场摩擦也是创造财富的最大障碍。多年来，企业已经消除了许多造成摩擦的根源。信托机构和信托工具应运而生，帮助降低商业交易中存在的风险。技术创新解决了低效率问题。但仍有很多商业交易存在效率低下、成本高昂和易受攻击等问题。区块链技术可以创建永久、透明的交易记录，在帮助消除各行各业交易中的“老大难”障碍方面，该技术潜力巨大。随着摩擦下降，一门全新的组织科学浮出水面，行业和企业的构成方式也将翻开新的篇章。透明的标准可以建立强大的信任基础，成为生态系统实现飞跃的跳板。曾被市场拒之门外的参与者和资产现在可以加入，从而加速资本流动，带来前所未有的财富机遇。

1 执行摘要

人类进步的长河就是一部不断消除摩擦的历史。从引入货币取代易货交易，到以数字签名代替火漆印章，我们见证了数字创新所推动的不断进步。

互联网的出现使得摩擦出现了急剧的变化。摩擦呈现出此消彼长的格局。例如，信息不对称造成的摩擦，促使业务合作伙伴和消费者等群体做出提高透明度的要求。网络犯罪等新型摩擦甚至对最成功的企业也造成了威胁。

当前，摩擦主要呈现出三种形态：信息摩擦、互动摩擦和创新摩擦。这些摩擦会在不同程度上影响各行各业的发展效率。面向业务网络、基于区块链技术的分布式总账具有消除这些摩擦的潜力（见图 2.1）。

目前，三种类型的摩擦（信息摩擦、互动摩擦和创新摩擦）对业务发展的效率造成严重影响。

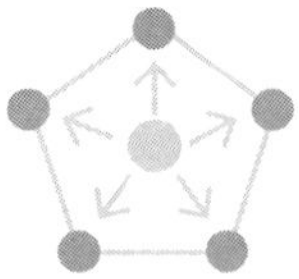

区块链技术的五个基本属性有可能帮助消除目前阻碍我们前行的各类摩擦。

区块链技术所激发的业务模式巨变有助于促进组织管理的科学转型，加深各方的相互信任，构建财富创造的新经济模式。

图 2.1 摩擦与区块链

商业领域的第一个“记录系统”就是摆在黏土台面上的纸质总账。几个世纪后，复式总账推动了现代金融的发展。从那时起，总账已经实现数字化，但在其他方面变化不大，只能捕获某一时刻的交易情况。这些总账仅反映单一企业所掌握的信息。一旦发生交易，某项资产的记录就会从一本总账转移到其他企业的总账上。

分布式总账（比如区块链）采用共享模式，将业务交易写入紧密连接的链式结构中，形成交易各方可以查看的永久记录。区块链技术将视角从个体所拥有的信息转向资产或交易的整个实体历史记录。我们的研究表明，实现这样的转变后，区块链技术的五个基本属性就有可能帮助消除目前阻碍我们前行的各类摩擦。

我们分析了区块链技术对企业、生态系统和经济的影响，结果表明，该技术有助于大幅减少甚至消除目前存在的各类摩擦。我们相信，企业、信任和价值交换将构成全新的经济模式。

曾经被复杂性缚住手脚的企业，现在能够毫无阻碍地大展拳脚。它可以在业务网络和 / 或生态系统中实现纵向或横向整合。它可以是小规模企业，以超快速度完成交易，也可以是各个组织快速构成的联盟。此外，它可以作为自我控制的认知网络的一部分而自主运营。

分布式总账可以成为信任体系的牢固基础，充当大规模合作的分散式平台。这样，就无须中介机构参与。曾经闲置的资产将得到充分利用。利润池将发生改变，重新分配。在区块链网络上提供的新服务有助于加速利用并解放那些曾经无法参与有效价值创造的资源，使其能够充分参与包罗万象的新经济。

2 摩擦之外：应对时代的挑战

每个世纪都会出现新的技术，用于消除摩擦的根源，即阻碍发展的低效率问题。丝绸之路让东西方文明相会。14 世纪出现的第一份信用证为信托建立了新的基础。19 世纪，电话的发明让我们可以实时进行沟通联系。

互联网的出现，就像是为消除摩擦的缓慢旅程加装了超级助推器。技术专家、经济学家等专业人士纷纷开始期待无摩擦时代的到来。从理论上说，摩擦能够被“以数字化的方式消除”。互联网确实抚平了一些摩擦，比如交易成本。然而，虽然信息不对称状况有所改善，但问题并没有完全得到解决。仍然存在的摩擦会带来严重的结果。[1] 的确，摩擦已成为竞争的基础，因为初创企业会在摩擦消失之际乘势而入。与此同时，其他类型摩擦已经逐渐成型。各国法规的冲突阻碍着全球化的步伐。预防网络攻击等新型威胁代价高昂，从攻击中恢复正常更是耗资巨大。准备削减资金的中介机构阻碍了生态系统的正常运行。

摩擦的定义

当前，不同行业中存在着许多重要程度不同的摩擦，这会导致成本上升，同时也会阻碍全球商业贸易活动的发展（见图 2.2）。这些摩擦会令我们放慢脚步，有时甚至会停滞不前。

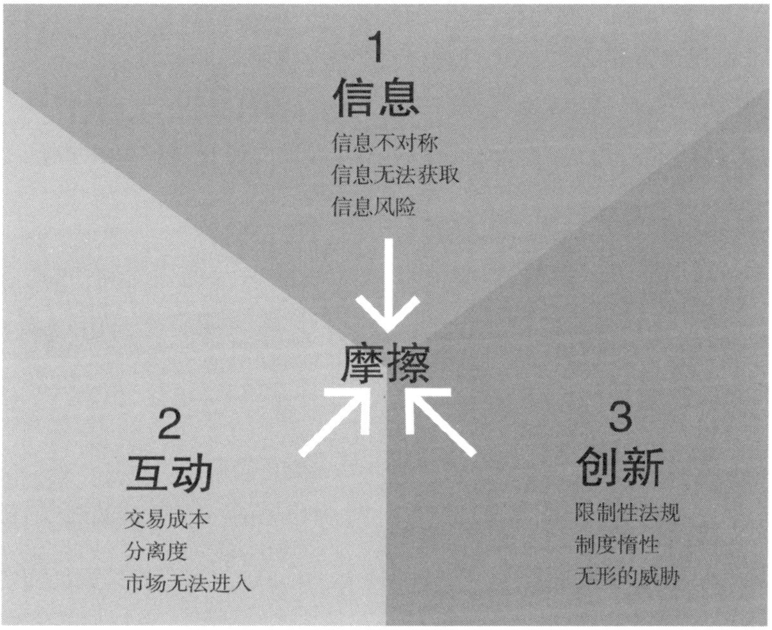

来源：IBM 商业价值研究院分析。

图 2.2 摩擦框架：信息、互动和创新摩擦对业务效率构成了极大挑战

信息摩擦

信息不对称。交易各方无法获得相同的信息。在大数据时代，这样的信息不对称会使他们处于不利地位，有可能会逐渐降低整个生态系统的价值。信息还会经常出现不正确或者不一致的情况，这可能会导致决策失误，或者因需要重新调整而使决策延迟。

信息无法获取。存储、处理、共享和分析信息等方面的技术挑战会极大限制海量数据和信息的潜在价值。其结果是有大量信息处于无法收集或无法访问的状态。

信息风险。黑客攻击、网络犯罪、隐私问题以及身份盗窃等技术风险呈上升趋势。这些都会导致成本不断上涨，同时会损害品牌声誉。

互动摩擦

交易成本。业务经营的成本与其复杂性密切相关，会随着规模提高、需要管理的资源（包括中介机构）的增加而上升。几乎在所有情况下，复杂性都会侵蚀收益。

分离度。随着世界越来越扁平化，数字平台将完全不同的各方联系在一起，距离大大缩短，但是由于业务流程不透明，所以仍然存在延迟。有些业务交易耗时数天，而且通过中介机构进行管理的费用也很高，这些交易是灵活的竞争对手首要的瓦解目标。

无法进入市场。很多地方企业无法以高效或可靠的方式接触市场，无法充分利用他们的资产。即使是大型企业，同样也面临着诸多障碍，有很多资产处于闲置状态，无法为促进收入增长或创造新财富作出贡献。

创新摩擦

制度惰性。成功，有时会使企业骄傲自满，止步不前，逐步形成“僵化”的业务模式；各种旧的制度和官僚主义的流程会降低企业的反应能力和变革能力。这样的“僵化”会严重影响企业的创新和适应能力，使他们在数字化颠覆面前不堪一击。

限制性法规。受到严格监管的行业由于各种审查而无法迅速采取行动；跨境业务因各国冲突的法规而受到严重制约。当然，有些摩擦是有人故意为之，有意建立在制度之中。虽然自动化有助于降低成本并且加快监管流程，但是它无法完全消除监管治理。

无形的威胁。新技术带来了具有竞争力的新业务模式，但这对于那些无法有效进行规划的企业来说是一种威胁。这种不断上升的不确定性可能会让许多企业持续的业务成功戛然而止。小型企业和专业大型企业都会尝试新方法。虽然失败率不低，可一旦成功，就有可能彻底改写整个行业的格局。

随着这些摩擦的消退，近期内可以实现的效益包括缩短时间、降低成本和风险。随着时间的推移，行业和社会将越来越多地应用区块链网络，我们期待整个行业的业务模式，甚至总体经济都能实现结构性转变。

组织复杂性所带来的成本

经济学家 Ronald Coase 提出了一种理论，即机构的交易成本低于个人的交易成本。然而，近年来随着企业规模的不断扩张，运营复杂性呈指数级提升，但收入增长仍然是线性的。结果如何？从某种意义上来说，企业面临着收益被不断侵蚀的局面。区块链技术有可能帮助消除复杂性成本，最终重新定义传统意义上的企业边界。

为什么要与摩擦斗争？

想想看全世界最普遍的资产，比如土地。用于约束规范土地转让的流程通常晦涩难懂，发达国家和发展中国家在这方面的法律也经常含糊不清。洪都拉斯的土地所有者可能没有土地证，他的财产甚至可能被另一方所占有。据估计，洪都拉斯 60% 的土地都没有合法证明 [2]。这些土地的所有者不只是无法出售土地，他们也不能利用土地筹集资金或作为贷款抵押，他们被牢牢地挡在经济活动之外。

而在美国等一些国家或地区，房地产市场面临着业主不透明等一系列问题，由此给按揭贷款带来了很大的风险。所有权出现混乱状态，在很大程度上是由复杂的金融工具［比如债务抵押债权（CDO）］所导致的。交易链引起的争议越来越大，信任被消耗殆尽，成本越来越高，并且会导致严重的后果，2008 年的金融危机就是一个例子。

秘鲁经济学家 Hernando de Soto 针对财产权对经济发展的重要性进行了研究，这一研究启发了 2015 年 5 月第一届区块链技术年度峰会的参与者。[3] De Soto 的研究结果显示，约 50 亿人以及 20 万亿美元的资金被挡在全球经济活动之外，原因是资产所有权存在争议。[4] 与会者问道：如果区块链技术能够释放这些财富，那么它还有哪些作用？

参与者网络需要安全地记录资产（比如财产证明），这说明了复杂性带来的成本（见图 2.3）。在这个例子中，参与者管理他们自己的总账，

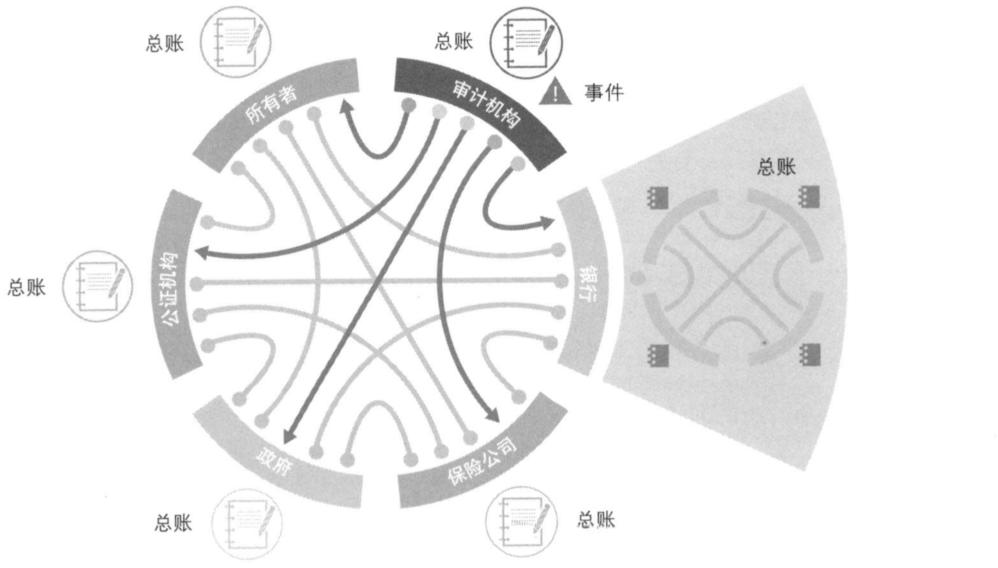

来源：IBM 商业价值研究院分析。

图 2.3　当前视角：个体总账和组织“孤岛”使得网络中信息和事件的管理复杂化

用于记录交易，并且可以访问各种不同的信息，而这些信息通常容易被篡改。

相比之下，汽车、保单、艺术品、公司债券等资产，甚至是我们身份的一部分（比如健康记录和纳税记录），都可以在区块链平台上被保护、共享、交易或参与转让，不被篡改，效率极高且风险大大降低。摆脱了摩擦，我们就能够以全新的速度重塑未来。

3 为发展而生：区块链如何推动我们前进

当前，交易记录在多本总账中。每一本总账一次最多只能捕获并且反映由一方持有的信息：例如，X 银行购买或出售了一笔按揭贷款。但是它们没有记录前因后果以及交易中其他各方（合作伙伴、供应商、消费者）的角色，而且容易出现人为错误以及被篡改。

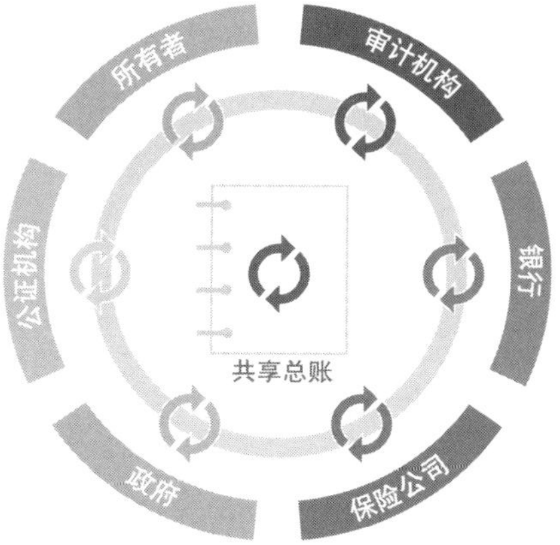

来源：IBM 商业价值研究院分析。

图 2.4 未来视角：基于区块链的共享总账提供全面的视图，在参与方之间建立信任，并且永久保留信息

与之相比，分布式账本则可以在一组参与者之间接近实时地共享或更新（见图 2.4）。每笔交易都会成为永久记录的一部分，只有具备权限的人方可查看，并且可以根据个人角色和访问权限来共享相关信息。

目前，跨境支付交易在安全、可靠的消息传递基础架构（比如 SWIFT）上进行。各银行在 SWIFT 上相互发送消息以完成不同的任务，每家银行都在本地维护其任务状态。我们可以想象，银行使用基于区块链的方法，在区块链上发送消息，这些消息代表着任务的共享状态，每条消息都会使任务前进至生命周期中的下一状态。

区块链转变了信息拥有模式，从单一所有者拥有信息，转变为资产或交易的整个记录生命周期可以共享。新的模式是基于状态而不是基于消息传递的通信。过去模糊的信息现在清晰可见。

摩擦在发生急剧的变化

区块链可能“需要许可”，也可能“无需许可”。与“无需许可”的区块链不同，需要许可的区块链执行基于身份的策略，能够限制数据访问和网络参与。这可以确保参与交易的组织遵守数据保护法规。需要许可的区块链还能够更有效地控制区块链中数据的一致性，支持基于这些数据建立更细粒度的决策流程。

但是二者有一组共同的属性（见图 2.5）。我们的研究表明，区块链技术有五个属性有助于消除摩擦：

分布式而且可持续。总账会随着每笔交易的进行而更新，在所有交易之间共享，而且接近实时地在参与者之间进行选择性地复制。通过加密技术和 / 或数据分区技术确保隐私，有选择地向交易参与者授予不同的总账接触范围；交易信息和交易各方的身份都可采用掩盖技术隐藏起

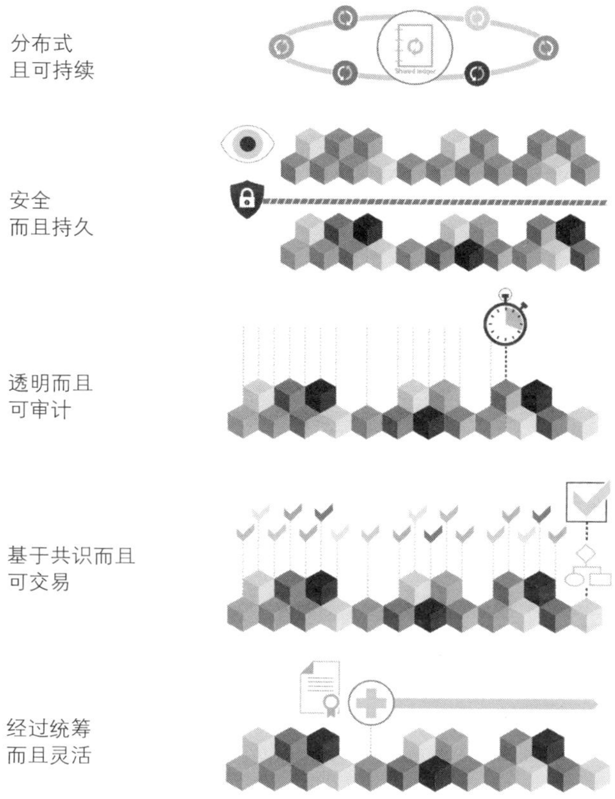

来源：IBM 商业价值研究院分析。

图 2.5　区块链属性框架：减少摩擦的五个关键因素

来。因为区块链平台并非由任何单一组织所拥有或控制，所以其持久存在并不依赖于任何单独实体。

安全而且持久。密码能够鉴定并验证交易，并只允许参与者查看账本中与自己相关的部分。一旦同意条件，参与者就无法篡改交易记录，只能用新的交易来改正错误。

透明而且可审计。由于一笔交易的多个参与方能够访问相同的记录，所以他们可以验证交易以及确定身份或所有权，而无须第三方中介机构参与。每笔交易都有时间戳记，可以接近实时地进行验证。

基于共识且可交易。所有相关的网络参与者必须一致同意交易有效。这一点通过共识算法实现。区块链可以建立交易或资产交换所依据的条件。

需要社区的通力合作：超级总账协作

当区块链在整个生态系统中运行时，它的全部潜力便能发挥出来。Linux Foundation 的超级总账（Hyperledger）项目是一个共享和开源的开发项目，目的在于明确区块链功能，推动其在各行各业中的发展。[5] 该项目汇集了金融、技术以及其他相关行业的合作伙伴。创始成员包括：埃森哲、澳新银行、思科、CLS、Credits、德意志交易所、DigitalAsset、DTCC、富士通、IC3、IBM、英特尔、伦敦证券交易所、三菱日联金融集团、R3、道富银行、SWIFT 和富国银行。之后又有很多成员陆续加入该项目。[6]

经过统筹而且灵活。由于基于一个或多个条件执行的业务规则和智能合约可以内置于平台之中，因此区块链业务网络能够不断发展成熟，支持各种端到端的业务流程和各种不同的活动。

区块链转变生态系统

提到区块链实现跨行业转型的潜力，供应链是最好的例子。即使是最初利用区块链技术转变供应链的一小部分（比如进口贸易过程中使用的信息），也能够迅速产生影响。如果进口码头在交易过程中及早收到提货单数据，那么码头就可以更高效地安排并执行收货操作，而无须担心隐私问题。区块链技术支持实时查看相应的数据（例如，离港时间和集装箱重量），同时对货物所有者和货物价值等信息进行加密保护。这有助于避免由于文件缺失而导致的代价高昂的延迟或损失。

区块链还可以支持强大、安全的共享物流信息交换，协调大量活动，包括共享仓库闲置空间、优化货运车队调度以及安排集装箱装运。零售商和制造商可以显著提高需求预测和库存补给能力。金融机构拥有了供应商可靠性的详细跟踪记录，可以增加急需的信贷，助力贸易行业的发展。监管机构可以从原材料开始跟踪货物来源，从而更易于识别假冒商品以及追溯受污染材料的源头。

“区块链提供了一种革命性的方法，支持全球各个行业中的企业彻底改变物流业务和运营模式。区块链技术能够将物流价值链转变为更加无缝的流程，为每一件货物提供更为可信的信息，我们对此感到非常兴奋。”

Mika Lammi，芬兰 Kouvola Innovation 公司物联网业务开发主管

区块链支持的提货单这样的基础环节产生了价值，像这样的价值会产生连锁效应，其影响会从入境港口最终扩展至多个行业（见图 2.6）。区块链真正的转变能力和网络效应，不仅仅体现在加入区块链网络的用户数量方面，还涉及各个行业和各种活动。

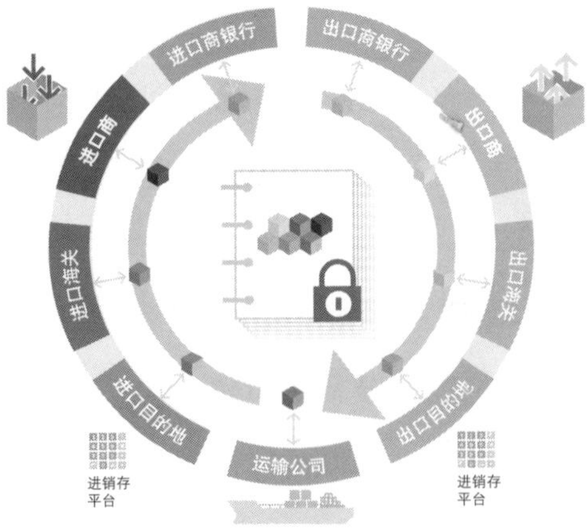

来源：IBM 商业价值研究院分析。

图 2.6　改善互动：区块链支持的提货单影响范围涉及多个行业

4　不断前进：新的业务模式可能性

随着区块链技术消除摩擦，经济格局也将发生变化。我们对业务网络中摩擦的分析表明了通过实施区块链技术能够在何种程度上缓解摩擦。我们研究了贷方、按揭贷款生态系统以及房地产经济中与区块链属性相对应的各种摩擦，按照 0—100 的标准来表示（见图 2.7）。

无论是何种经济水平，区块链消除摩擦的效果都很惊人。这些结果表明，交易成本和企业摩擦有望显著减少，企业的转型方式也是以前根本无法想象的。生态系统能够在更牢固的信任关系下运行。区块链网络通过推动资本流动和价值交换，改变市场运行模式，扩大经济商机。

如此巨大的改变将重新定义组织管理科学，深化信任，形成全新的财富创造经济（见图 2.8）。我们无法预测接下来会发生什么。但是随着摩擦的消除，区块链将以新的形式重塑机构和经济运行模式。

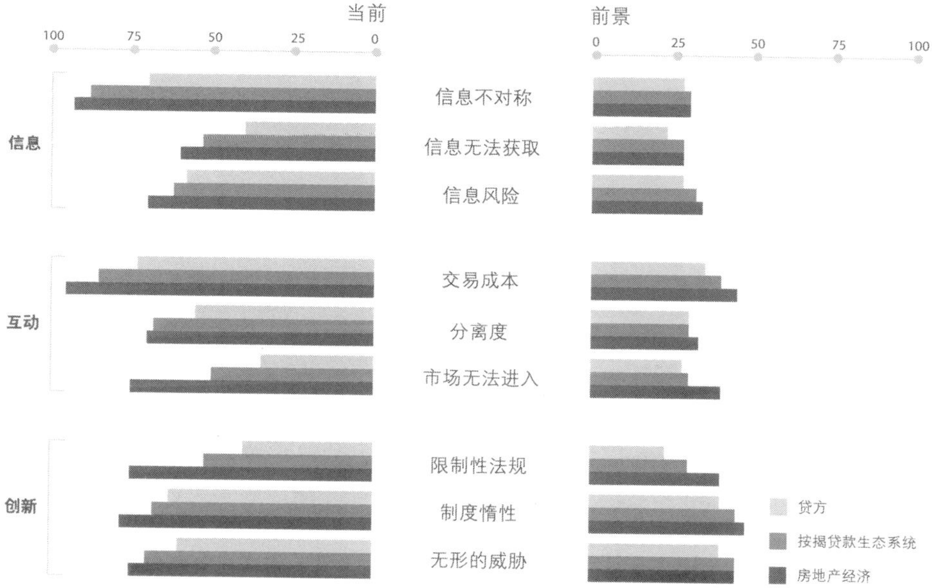

来源：IBM 商业价值研究院分析。

图 2.7　改善业务：区块链消除每种摩擦从而提高业务效率的相对程度

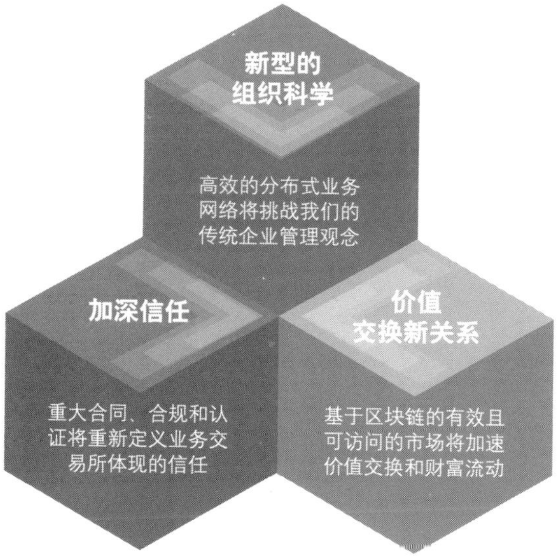

来源：IBM 商业价值研究院分析。

图 2.8　转型三位一体：企业、生态系统和经济从区块链中受益的三种方式

新的组织科学

现代企业的运营建立在摩擦之上，或者说，企业会采用当前结构来利用对自己有利的摩擦。一旦摩擦消失，全新形态的企业可能会浮出水面。虽然曾面临“复杂性会增加成本”的质疑，但 Coase 理论中提到的成本优势将再一次得到证明：企业将能够更轻松地扩大规模。企业也可以选择保持小规模，但依旧具有竞争力。企业规模大小不是问题，如何管理才是关键。

曾经垂直整合的机构可以通过合作伙伴横向扩展。智能合约指导下的活动执行起来将会更迅捷、更高效。摆脱了等级制度、官僚主义，企业不仅可以改变工作方式，还可以重新选择要开展的业务。同时也需要重新考虑定价、盈利能力和所有权等问题。

由于具有分布式特性，区块链会与时俱进，还可能保持自我可持续能力。诞生于区块链之上的企业肯定会采用新的运营标准。最新的标准可能是企业自主行动的能力。[7]

随着基于区块链的交易变得越来越复杂，整个业务网络将获得更大的自主性，对人为管理的需要将减少，并最终演变为自我管理的认知型业务网络。这些自主型企业将扩展我们对动态企业的定义。

“谢谢 Hayek 让我们了解到，信息处于不集中且不被中枢机构垄断控制的状态下才能实现最大价值。我们现在明白，非分层的扁平化系统能够最有效地利用信息……而像区块链这样的创新技术可以帮助实现这一点。”

——Patrick Byrne，Overstock 公司首席执行官[8]

加深信任

在商业领域，要建立信任相当困难，保证信任更是不可能完成的任务。直到现在，我们都是依赖工具和机构代替我们管理信任。有了区块链，信任即可以体现在交易之中。这样便可以实现更强的信任保证。

随着整个生态系统信任感不断深化，将不再需要任何第三方作为中介来管理信任。区块链网络中的智能合约、认证和数字合规可将个体交易层面的信任整合起来。这样的信任整合能够优化交易各方的关系，极大提高生态系统中业务互动的效率。

信任将成为一种动态：根据参与者的角色以及特定交易，可为个人和机构划分信任等级：可信任、不完全可信或不可信。例如，金融机构可以信任海外合作机构开展 X 业务，但不能开展 Y 业务。

今天，在线排名和评级都是信任度的代言。未来，建立在区块链之上的信誉系统将成为企业或个人行为的永久记录。曾经是企业记录系统的总账，未来将会成为企业、政府等的牢靠信任记录。

“在网络空间内，信任建立在两个关键要求之上：向我证明您自己的身份（认证）；向我证明您拥有必要的权限，能够执行您所要求的任务（授权）。而我将以安全、有效且可靠的方式提供服务或产品，向您证明我值得信赖。”

——《分布式总账技术：超越区块链》，英国政府首席科学家报告[9]

价值交换新关系

区块链网络可以为贸易提供保证并明确起源，这样便可以创造新的市场，从而推进整个数字化世界中的价值交换。农业、建筑业等曾被数字商务拒之门外的行业将会找到新的途径，进入高效、可信的市场。正如之前提到的发展中国家土地的例子一样，区块链资产注册可以帮助一度闲置的资产参与全球经济活动。

包罗万象的经济模式能够释放不计其数的价值创造机会，同时也带来了新的竞争对手。各行各业的利润池将在行业竞争对手、其他行业的现有企业、新参与者甚至消费者之间重新分配。如果政府能够有效打击欺诈，消除官僚作风，就能够与公民订立更好的社会契约。科学领域一直站在巨人的肩膀上，现在又有了一个安全的协作平台，能够开展包括医学研究、可再生能源等各个领域的合作。

要实现这一切，光有区块链平台是远远不够的。像之前的移动应用一样，新一代分散式应用将支持所有人使用区块链技术，无论是肯尼亚内罗毕的店主、美国图森利用太阳能发电的个人，还是印度班加罗尔的 3D 打印机发明家。

随着区块链加快资本流动和财富创造的速度，我们的经济和互动会更少受制于间歇出现的摩擦，将会像“永动机”一样不断向前发展。

“我们相信这项技术有能力推动行业变革，但这需要企业采用开源的方法，与客户以及行业参与者合作，共同推动技术的发展。”

——Moiz Kohari，伦敦证券交易所执行副总裁兼技术创新部门主管

5　区块链的实际运用

区块链最初作为加密货币的平台受到广泛关注。从那以后，区块链上的非货币性资产在2013至2016年间增加了1600%，达到16亿美元。[10]现在，45家银行建立了R3联盟，共同探讨区块链的未来发展。[11]纽约梅隆银行正在尝试利用区块链技术转移证券借贷中的资产。[12]日本交易所集团正在测试区块链技术在低流动性市场中的应用。[13]

区块链技术尚处于襁褓期，但一些“探路者”已经证明了它在克服摩擦方面的强大能力：

快速获得资金。零售商Overstock通过了政府审批，将区块链技术用于企业债券的全球发行、结算和交易。Overstock发行的私有债券能够实现当日结算，而不是通常所需的2—3天。这不仅加快了融资速度，还可以降低无货沽空（出售自己并未持有的有价证券）的风险。[14]

“电子公民”。在爱沙尼亚，公民可以在政府的数据库中验证有关自己记录的完整性，并且政府保证记录不会被篡改。这样的安全保证使得新型数字服务（比如电子税务和电子企业注册）成为可能。爱沙尼亚政府目前正与美国纳斯达克合作，提供基于区块链技术的网上投票服务，允许在爱沙尼亚的纳斯达克交易所上市的公司股东能够通过网络在股东大会上投票。[15]

掌握主导权。Visa和Docusign合作进行一项概念验证，旨在满足心情急切的消费者的需求。参试者在区块链上注册汽车，并邀请潜在所有者进入司机座位，在仪表板上配置租赁选项，立即接收到合同并单击以签名。新的所有者可以在保险选项中进行选择，并直接支付首付款。未来的车内支付，无论是为了下载音乐、泊车还是车辆注册费用，都可以通过仪表板迅速执行，这一切都可以在新车主把车开走之前完成。[16]

快速解决纠纷。IBM 全球融资部为全球超过 4000 家供应商和合作伙伴的信贷活动提供便利，每年处理的发票数量多达 290 万张。目前，全球融资部利用区块链技术，将处理纠纷所需的时间从超过 40 天缩短至不到 10 天，并从中释放了约 1 亿美元资本。[17]

颠覆者，被颠覆。基于区块链技术建立的初创企业正在向类似优步这样的业务模式发起“攻击”，而优步先前也扮演过类似的角色。以色列的 La’ Zooz 减少了中间人（这里是指专业司机）环节，建立了值得信任的系统，支持车辆所有者与其他人拼车。[18]Arcade City 支持拼车乘客直接与司机协商价格。[19]

6　让区块链技术为您服务

虽然区块链技术拥有非常强大的力量，能够克服摩擦并提升效率、信任和价值，但是企业必须谨慎评估哪些领域应用区块链能够获得最大收益，而哪些领域不能。区块链并非简单的现代数据库替代品，它作为共享型记录系统能够为企业带来最大价值。基于区块链的业务网络要求在整个系统中以同样的速度实施检查和控制，以便能够充分利用即时共享的优势。

为了最大限度地从区块链中获得价值，我们建议企业思考三个问题：

1. 我应该以怎样的速度实现区块链技术转型？

先行者和率先采用者可以利用区块链带来的效率快速获得回报，并形成更强大的竞争力。

思考哪些摩擦会阻碍企业发展，从而明确最具吸引力的用例。我们的摩擦框架可以帮助您评估企业内当前存在的低效环节。

在那些区块链属性带来快速影响的不同领域进行实验。我们的属性框架可以帮助评估区块链的哪些功能可以带来最大利益。

考虑敏捷的概念验证，并逐步扩大应用范围以实现主要业务成果。利用来自先前较为有限的项目的洞察，进行企业再造并投入更大的努力，可参考图 2.9 中的示例。

区块链技术注意事项

· 企业范围内的价值是有限的

· 生态系统参与者必须一致同意一个标准

· 没有协调控制的情况下存在过度监管风险

· 可能需要大规模重新设计工作

向消费者公开区块链的项目不能只停留在技术专家手中，可利用设计思维简化员工或消费者的用户体验，从而推动快速应用区块链技术。

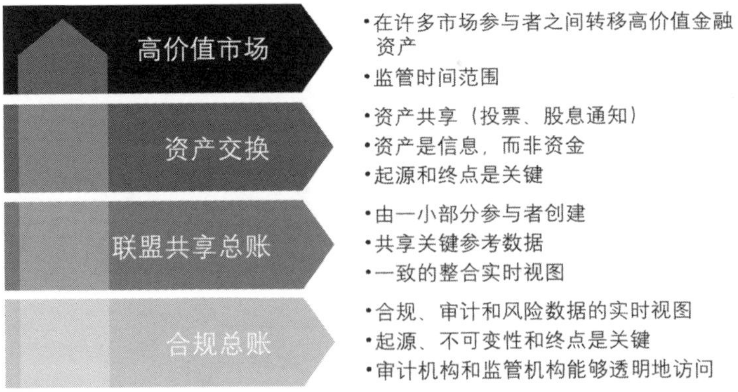

来源：IBM 商业价值研究院分析报告。

图 2.9　采用模式示例：从简单的合规总账到高价值市场

2. 我们能否达到网络范围广泛接受的标准？

要成功采用区块链技术，关键不在于那些拥有顶尖技术或应用的人，而是要依赖那些能够建立最强大网络的人才。

认识到全球标准的必要性。区块链创新可能会比互联网发展更快、扩展范围更广，这就需要更快建立相关标准。把“赌注”压在区块链技术上，并为之投入时间吧。

思索联盟在实现区块链可扩展、开放和互操作方面发挥的作用。区块链技术将受益于开放标准的治理。思考一下，您的生态系统如何从网络效应中获得最大利益，您所在行业或生态系统的利益池将如何重新分配，然后评估企业自身在这场颠覆中的角色。

长期参与——考虑将区块链作为新业务环境和协作中的最佳工作方式。考虑应该和谁建立合作关系，以便优化业务网络。

3. 应该如何借助新的收入模式实现扩展？

虽然新技术可能会让人望而生畏，但要了解到，它们可以帮助企业快速获利并实现扩展。

随着区块链技术逐渐颠覆传统业务模式，您应该考虑**如何利用这样的全新方式获得利益**。考虑哪些业务模式和市场将从基于消费的定价、许可和小额支付中获益。

了解区块链技术**如何从其他技术（比如大数据分析、物联网和认知计算）中获得更大价值**。

探索基于区块链技术的新服务和应用**如何补充和扩展现有盈利模式**。

如果应用区块链的目标不是获得收入（比如政府），那么就需要**评估区块链技术如何能够释放资金或帮助保护隐私**。

中国企业在实施区块链时面临的挑战

众多具有创新精神的中国企业愿意尝试新的技术，希望在构建新生态的过程中占领先机。区块链的技术逻辑，与其说是“去中心化”，不如用“分布式”来总结更加准确。一些传统企业如银行面临着新兴互联网金融的挑战，在新的一轮竞争中不妨视区块链的“分布式”特性为契机，积极拥抱新技术，把握新的业务成长和商业模式创新机遇。

中国企业在制定和实施区块链战略的过程中，**应该重点思考以下问题：**

1）如何构建行业区块链联盟，并以此为基础形成新的生态圈？在分布式决策管理的新生态圈中如何制定规则？谁是协调者，怎样确定成员的回报？

2）如何选取合适的业务场景，既能够凸显区块链的价值，又适合从现有 IT 架构进行可靠、平滑的技术和商务逻辑整合？如何与外部合作方共同确定业务场景？

3）如何确保业务创新的合规和业务监管？技术企业如何在区块链技术规范的开发和完善当中，配合体现监管要求？

中国企业在实施区块链中的战略举措

区块链的部署实施是一个分步骤实施的系统工程，企业应该**确定好每一阶段的规划重点和业务价值目标**。例如：

近期的规划重点是以业务探索和技术试点为目的，集中部署。**价值目标**是简化流程，短期内快速提升业务效率，实现业务透明和减少操作风险所带来的价值。

短期的规划重点是通过提高业务工作效率，以促进业务价值增长为目标，让区块链和现有业务深度集成，为交易对手提供区块链 API 及集成的技术支持，以及分布式多节点部署。**价值目标**是借助平台优势吸引更多的机构加入，拓展业务规模，并且拓展其他业务到区块链平台。

中期的规划重点是构建区块链业务网络，把在区块链领域内平台建设、运营经验以及业务转型创新经验打包成服务提供给同行业。所带来的价值是树立行业标杆，鼓励业务创新并寻求新的业务增长点。

总结

区块链是一种共享、可复制、许可控制的账本技术。它帮助企业开放商业网络，并且带来了降低成本、提升效率、提高透明性等益处。区块链仍需要解决一系列跨越行业的挑战。

企业应该探索和制定可行的区块链实践模式和步骤，开展广泛的行业内外合作，共同制定行业标准，从内部的 IT 治理和建设走向生态圈商业网络内企业间的 IT 治理和建设。

调研团队

IBM 商业价值研究院汇集了由区块链专家和商业思想家构成的核心团队，展望分布式总账技术的未来：

Jim Brill，金融服务部门营销与沟通主管

Jerry Cuomo，IBM 院士、区块链技术副总裁

Ramesh Gopinath，区块链解决方案和研究副总裁

Peter Korsten，全球企业咨询部思想领导力和卓越成就副总裁

Brigid McDermott，区块链业务开发副总裁

John McLean，区块链技术欧洲地区首席技术官兼副总裁

Veena Pureswaran，IBM 商业价值研究院区块链技术研究主管

Shanker Ramamurthy，全球企业咨询服务部战略和解决方案首席技术官兼总经理

James Wallis，全球支付行业和区块链技术副总裁

高管支持

Sarah Diamond，IBM 全球企业咨询服务部全球咨询服务总经理

Arvind Krishna，IBM 研究院高级副总裁兼总监

中国观点调研团队

王允臻，大中华区新兴业务总经理

夏勇，IBM 技术研究院院士、大中华区咨询卓越中心负责人、IBM 全球企业服务部大中华区区块链卓越中心负责人

詹颖，IBM 商业价值研究院（中国）咨询经理

王晓峰，IBM 客户中心解决方案架构师

董宁，IBM IT 经济学咨询顾问

致谢

调研团队感谢以下人员对本执行报告作出的贡献：Gurvinder Ahluwalia、Kristin Biron、John Cohn、Nick Drury、Martin Fleming、Tim Hahn、April Harris、Christine Kinser、Eric Lesser、Pete McCaffrey、Joni McDonald、Sumabala Nair、Krishnan Ramachandran、Gary Seybold、Likhit Wagle 和 Anne-Marie Weber。

注释和来源

1 BCG. "Greasing the wheels of the internet economy." https://www.bcgperspectives.com/content/articles/digital_economy_telecommunications_greasing_wheels_internet_economy/?chapter=2

2 Chavez-Dreyfuss, Gertrude. "Honduras to build land title registry using bitcoin technology." Reuters. May 15, 2015. http://in.reuters.com/article/usa-honduras-technology-idINKBN0O01V720150515

3 Institute for Liberty and Democracy. "The Blockchain Summit on Branson's

Island and its relevance for mining and petroleum conflicts worldwide（including in Peru from Conga to TiaMaria）." http://www.ild.org.pe/our-work/ild-projects/blockchain-ild

4 Shin, Laura. "Republic of Georgia to pilot land titling on blockchain with economist Hernandode Soto, BitFury." Forbes. April 21, 2016. http://www.forbes.com/sites/laurashin/2016/04/21/republic-of-georgia-to-pilot-land-titling-on-blockchain-with-economist-hernando-de-soto-bitfury/#232556026550

5 Hyperledger project: About. Linux Foundation Collaborative Projects. https://www.hyperledger.org/about/ Accessed June 23, 2016.

6 Hyperledger project: Members. Linux Foundation Collaborative Projects. https://www.hyperledger.org/about/members Accessed June 23, 2016.

7 Ethereum. "How to build a democracy on the blockchain: Decentralized Autonomous Organizations." https://www.ethereum.org/dao

8 Byrne, Patrick M. "The Future is Decentralized." The Austrian. October 6, 2015. https://mises.org/library/future-decentralized-0

9 "Distributed Ledger Technology: beyond blockchain: A report by the UK Government Chief Scientific Officer." Government Office for Science. 2016. https://www.gov.uk/government/uploads/system/uploads/attachment_data/file/492972/gs-16-1-distributed-ledger-technology.pdf

10 Sunnarborg, Alex. "The rise of the blockchain asset class." VentureBeat. April 3, 2016.http://venturebeat.com/2016/04/03/the-rise-of-the-blockchain-asset-class/

11 Rizzo, Pete. "Brazil's Bank Itaú Joins R3 Blockchain Consortium."

CoinDesk. April 25, 2016.http://www.coindesk.com/brazils-bank-itau-blockchain-consortium-r3/

12 IBM press release. "IBM Launches First Highly Secure Blockchain Services for Financial Services, Government and Healthcare on IBM Cloud." April 29, 2016. https://www-03.ibm.com/press/us/en/pressrelease/49632.wss

13 IBM press release. "IBM and Japan's Largest Stock Exchange to Test Blockchain for Trading Environments." February 16, 2016. https://www-03.ibm.com/press/us/en/pressrelease/49088.wss

14 Young, Joseph. "Overstock to Offer $25 Million Corporate Bond as the World' s First Crypto Security." The Cointelegraph. June 6, 2015. http://cointelegraph.com/news/overstock-to-offer-25m-corporate-bond-as-the-worlds-first-crypto-security

15 Rizzo, Pete. "NASDAQ to Launch Blockchain Voting Trial for Estonian Stock Market." CoinDesk.February 12, 2016. http://www.coindesk.com/nasdaq-shareholder-voting-estonia-blockchain/

16 Hirson, Ron. "The Future of Car Leasing Is as Easy as Click, Sign, Drive." DocuSign Blog.October 26, 2015. https://www.docusign.com/blog/the-future-of-car-leasing-is-as-easy-as-click-sign-drive/

17 "Blockchain in IBM Global Financing." IBM Research. YouTube. March 15, 2016. https://www.youtube.com/watch?v=F0P7NM7d-ps

18 Coppola, Gabrielle and Benmeleh, Yaacov. "This Israeli Ride-Sharing App is the Utopian, Hippie Uber." Bloomberg. September 26, 2015. http://www.bloomberg.com/news/articles/2015-09-16/this-israeli-ride-sharing-app-is-the-utopian-hippie-uber

19 Carmichael, Joe. "Arcade City is a Blockchain-Based Ride-Sharing Uber Killer." Inverse. March 30, 2016. https://www.inverse.com/article/13500-arcade-city-is-a-blockchain-based-ride-sharing-uber-killer

第3章

交易信任

——打造更强大的供应链

调研团队：ExpertInsights@IBV 专家洞察

1 交易信任

现代供应链善于利用数据，但缺乏信任。从历史上来说，组织间的不信任（包括担心信息可能会落入竞争对手的手中）严重阻碍了信息资源共享。反过来，即使真的实现信息共享，通常数据并不完全可信。

区块链——分布式账本，可以创建永久透明的资产相关交易记录，进而建立一个牢不可破的信任链。每条记录都有时间戳记，并可追踪之前所发生的事件（见图 3.1）。**区块链可能会在三个领域产生突破性影响：可视性、优化和需求。**

图 3.1 数据不仅仅会依据商品而改变，而且已经成为一种审计跟踪手段，可以促进协作和提高信任

2 可视性：更加确定地开展规划

即使拥有大量数据，供应链也充满了盲点。我们的供应商是否发送了完整订单？货船是否已准时离港？区块链可以及时揭示资产的位置、所有者、处理人以及资产的状况。利用这些数据，组织可以更好地预测商品的到达时间和状况。收益来自供应链上下游各个环节，从及时规划、库存管理到纠纷解决、减少浪费和质量控制。

缺乏可靠的实时数据，则可能无法了解商品的流转情况，导致瓶颈出现，库存水平上升或下降至次优水平，交货时间也可能会延长。即使充分掌握内部情况的组织也无法兼顾每个角落，特别是在货物运输环节中。运输仍然高度依赖于尚未实现数字化的纸质文件。

向海外运送大量花卉，可能会从十几个供应商处生成多达 200 张纸质文件。证明花卉等商品符合卫生无昆虫标准的文件，必须经由多个机构签字盖章，然后被分别空运至进口目的地，因为海关机构并不信任扫描版文档。这些纸质文件上的一个小错误都可能导致延期，进而导致装运调整或付款延期。

同样，多个相关方，包括出口商和进口商、保险公司、海关、码头运营商、货运代理和承运人等，都会使用提货单。通常情况下，提货单会在卖方收到货运到达信息后的当天晚上寄出。不管何时需要与多个机构共享提货单，将提货单记录放在区块链中都可以大大节省时间和成本。

只有授权参与者可以访问区块链上的数据记录，这可以是所有参与者，也可以是仅需特定部分数据的参与者。数据所有权和访问权可以是匿名的，但可以在需要验证的合作伙伴间安全地进行识别。简而言之，可以同时广泛地共享并保护数据记录。

区块链可以创建商品可视性以及可追溯性，说明商品的流转地点。例如，可以对小麦进行跟踪，从农场到船舶集装箱、工厂车间，直至变成货架上的面包。大量组织已经开始测试监控作物状况的传感器，并将其记录在区块链上。早在小麦到达工厂车间之前，管理人员就可以访问关于水分含量等属性的数据，或者了解该小麦是否为转基因作物，并做出相应的规划。

在区块链上跟踪货物来源可以降低风险，并提高生产和分销质量。制造商可以了解他们收到的金属是否具有适当的合金混合物。采购者可以确定酒品或药物的运输温度是否适宜。这样可以减少浪费、损耗和瑕疵，也可以减少欺诈、盗窃和假冒伪劣行为。

一家英国初创企业 Provenance，通过将 RFID 标记与区块链相结合，对海鲜产品进行验证，从海鲜产品于印度尼西亚海岸利用可持续方式捕获开始，一路追踪到其被运输至行业中要求最严苛的采购者——日本寿司商人手中。[1] 同样在英国，Everledger 帮助各家公司跟踪钻石来源，不再使用很容易伪造且与运输分离的纸质文件，而是利用区块链上的数据来跟踪每枚钻石的来龙去脉。[2] 由强制劳动力生产的“血钻石”不能进入市场。被盗钻石可以被永久追踪，这可以降低保险公司的风险。

现在，中介机构扮演多种角色，其作用就是在供应链中建立信任。

从认证商品是否安全或符合法规，到融资和执行货物买卖付款，值得信赖的中介机构可以降低风险，但同时也会蚕食利润。组织利用区块链验证商品来源，可以更清晰地掌握各种信息，组织之间的问责机制和信任感可以进一步得到保障。因此，仅为建立信任而存在的中介机构需要寻找新的角色或风险脱媒。

案例：可视性更高，争议更少

IBM 全球融资部向从 IBM 供应商处购买产品的数千家合作伙伴提供信贷。它已经试行了区块链解决方案，可以处理 290 万次交易，这些交易每年会导致 25,000 次纠纷，并会占用 1 亿美元资本。通过将数据传输至区块链，IBM 有望将纠纷解决时间从 40 天削减至 10 天以内，从而将资产效率提高 40%。

3 优化：准备迎接实时化

现在，优化的程度和下一步计划的可视性为区块供应链奠定了基础。例如，为了减少中断，丰田公司希望使用区块链跟踪从多个国家或地区、工厂和供应商运来的成千上万个零件，帮助促进汽车制造工作。[3]

优化区块供应链可以带来各种可能，例如，与供应商合作伙伴实时同步决策。能够持续实时访问事件链的供应链可以进行迭代优化。提前意识到供应商仅发出了部分订单，组织可以采取相应措施，重新安排内部库存，从不同的供应商处完成订单或调整价格。它可以将集装箱重新运输至不同的仓库，甚至共享仓库、卡车或装卸码头，以优化效率。

最终，由区块链创建的审计跟踪便可以建立更广泛的信任圈。如果合作伙伴按时完成零件组装，那么该事件就会成为一条永久记录。在区块链上建立的信誉有助于向新合作伙伴开放供应链，这些新合作伙伴包括小型和初创组织。如果需要，组织可以更轻松地变更中游合作伙伴。信息可以得到更广泛的共享，进而可以加强供应链各个层面的决策，并即时优化决策。甚至，组织还可以动态地变更对信息共享的许可。考虑到盗窃行为，企业通常不与装卸工人共享有关集装箱内所装东西的信息，但在上述的条件允许的情况下，可选择与其共享。这样，在发生暴雨或罢工情况下，码头上装有易损货物的集装箱可以优先得到安全存储，并随着运营的逐步恢复，可以横跨多个设施优化运输，进而避免延期。

通过按需向中介机构提供集装箱所装商品的信息，商品即可根据多渠道变化重新定向。在遇到突发事件时，安全机构可以访问附加的信息，以避免延迟开箱检查。

动态优化需要大规模的协作，通过生态系统中各方（包括制造商、承运商、政府机构和客户等）的广泛参与，可以实现动态优化的最大潜力。

如何利用区块链创造价值、开展协作和参与竞争?

要找到价值创造、协作和竞争新方法，组织必须考虑以下问题：

· 哪些现有合作伙伴和其他机构需要参与区块链才能发挥其价值？

· 您应该披露多少数据、哪些数据，以及向谁披露？

· 您拥有的哪些数据可能有利于他人，以及您是否可以从该价值中受益？

· 生态系统中的哪些中介机构的存在只是纯粹为了验证可信性或处理复杂度问题？

· 深入了解客户或供应商合作伙伴的需求信号会给我的运营带来何种影响？

4　预测：向所有人开放

用于预测需求的客户补货系统在某些方面的效率已经得到了显著提升，但仍受到一系列约束条件的限制。系统无法提供来自较小零售店或其他分销点的销售点数据。制造商极少将收到的数据与供应链中其他参与者共享。简而言之，需求预测仍有很多问题亟待解决。

由于可以广泛访问区块链上的数据，所以可以将客户购买等需求数据即时提供给生产或分销网络中的每个参与者。因此，在购买洗碗机时，制造商与其所有合作伙伴，包括零件供应商、服务供应商和托运商，都可以像零售商那样即时访问这些数据。

同步访问数据可以推动预测技术的普及，而这种技术通常仅掌握在大型制造商和零售商手中。例如，托运商通常提前几天才接到订单。这使得他们难以优化货物或基础设施，更不用说汇总他们预测容量所需的各种数据。

全新的协作性预测技术无疑会高度依赖高级分析和认知系统，如此才能理解丰富即时的数据。它将受益于各种事件相关数据的汇总，例如天气或营销活动、工厂突然中断和地区政治冲突等事件数据。但即使没有这些因素，开放对可验证需求信号的访问，也可以产生巨大的影响。区块链上的需求数据可以消除供应链中最棘手的挑战——长鞭效应，该效应引发一系列问题，例如中上游订单数量激增、需求模糊、库存膨胀以及供货率低迷。

5 建议

依靠信任

区块链让您可以信任数据和合作伙伴。您需要从信任的角度审视您自己的组织；确定运营中的哪些部分需要最高级别的信任；根据合作伙伴在数据和承诺方面的置信度，寻求新的合作伙伴。如果您正在与仅“验证”可信度的中介机构合作，那么区块链可以避免这种需求。

关注数据缺口

区块链的价值不亚于其共享的数据。若您希望获得数据，即要识别他人有而您没有的数据，这就需要您重新审视自己的利润底线。若您希望共享数据，则意味着寻求合作伙伴，让其从您之前未能放心共享或无法轻易实现共享的数据中获益。无论哪种情况，区块链都能弥合这些数据缺口。

人人受益

区块链可以让所有可能的参与者实现高效运营，进而营造公平的竞争环境。习惯于从供应链中获取竞争优势的组织，可能需要新方法来脱颖而出。而第一步就是：转变供应链，不仅仅为了提高效率，更是为客户和合作伙伴创造全新的差异化价值。

调研团队：关于 ExpertInsights@IBV

ExpertInsights@IBV 专家洞察代表了专家对具有新闻价值的业务和相关技术话题的意见。我们先与主题专家开展一系列访谈，然后从中提取可信、实用且规范的观点，最终汇编成为专家洞察。

注释与来源

1 Perez, Yessi Bello. “How Provenance is Channeling the Blockchain for Social Good.” CoinDesk. December 17, 2015. http://www.coindesk.com/provenance-channeling-blockchain-social-good/

2 Lomas, Natasha. “Everledger is using blockchains to combat fraud, starting with diamonds.” Tech Crunch. June 29, 2015. https://techcrunch.com/2015/06/29/everledger/

3 Nash, Kim S. “Toyota Unit Joins R3 Blockchain Group.” Wall Street Journal. June 23, 2016. http://blogs.wsj.com/cio/2016/06/23/toyota-unit-joins-r3-blockchain-group/

第 4 章

区块链重塑金融市场

——开拓者引领风潮

调研团队：Keith Bear, Nick Drury, Peter Korsten, Veena Pureswaran

James Wallis, Likhit Wagle

迅速锁定区块链收益

在金融市场中，一批勇于进取的开拓型企业率先采用了区块链解决方案，向经过多年发展达到黄金时代的“正统”区块链理论发起挑战。这些开拓者已经明确了区块链的主要优势领域，包括成本、不可变性、透明度指标，以及独立的新型业务模式。受到严格监管的金融市场中，企业纷纷在各个业务领域中向区块链解决方案注入投资，以期减少现有商业摩擦，而非旨在发展业务。我们的调研重点说明了企业为什么需要迅速加入这一潮流，否则失去的不仅仅是收益，而且会错过制定标准和定义生态系统运营方式的机会。

1　执行摘要

在全球有关区块链的炒作降温之际，金融市场机构却率先利用分散式区块链平台，定义他们的未来发展。IBM 商业价值研究院在《经济学人》智库的支持下，对 16 个国家或地区的 200 多家金融市场机构开展了一次调研，了解他们对于区块链的体验和期望。这份执行报告深入研究了金融市场采用区块链解决方案的动机和模式，最重要的是，我们发现行业朝这个方向的发展速度明显超出预期（见图 4.1）。

参加我们调研的金融市场机构中，有 14% 表示将于 2017 年在商业生产环境中部署区块链技术。开拓者的数量也许比较少，但是他们的雄心壮志却不可小觑。他们优先应用区块链技术，针对无形的威胁（新竞争对手和新业务模式）采取行动，同时获得可信的信息，为大胆的尝试提供支持。

开拓者为成本、不可变性和透明度优势确定了四个优先的关键业务领域：清算和结算、大额支付、股票和债券发行，以及参考数据。开拓者还希望区块链技术能够在其中三个领域（清算和结算、大额支付、股票和债券发行）建立全新业务模式的过程中发挥最大的影响力。

包括开拓者在内的大多数金融市场机构并不期待区块链技术带来实质性的颠覆效果。法规以及为实现规模化而产生的市场惯例需求，可能会延长发生任何预期颠覆所需的时间。然而，这些机构在身份和“了解你的客户（KYC）”、清算和结算、抵押品管理、参考数据和企业行动等领域中投入了大量资金。这些领域面临新的法规，这可能会促使企业将初始投资用于解决可能会影响利润的问题，而不是用于发掘最理想的业务发展机遇。

14% 的受访金融市场机构（我们称之为“开拓者”）计划于 2017 年在生产环境中大规模应用区块链技术

70% 的开拓者将区块链技术重点用于四个领域：清算和结算、大额支付、股票和债券发行以及参考数据

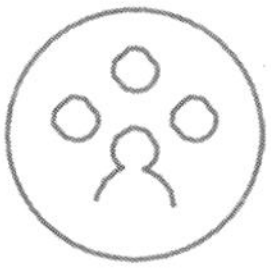

金融市场机构正投入资金解决新法规带来的问题，而不是在发展、创新、获得新客户等商机领域投资

图 4.1　金融市场机构在区块链方向上的发展速度明显超出预期

2　先行者

开拓者制定游戏规则，指引发展方向

在过去两年中，金融市场行业中的机构纷纷进行区块链技术试点和概念验证。他们开设创新实验室、赞助编程马拉松、与金融科技企业合作、加入联盟以及与监管机构合作，为区块链技术的实施铺平道路。纳斯达克等主要机构已经开始在区块链上执行交易。美国证券托管结算公司（DTCC）等其他预期会发生金融去中介化现象的机构与各银行开展合作，就信用互换进行试点，并与数字资产控股公司（Digital Asset Holdings）合作，进行回购协议（一个价值 2.62 万亿美元的市场）试点。[1]

这一连串的活动引起了专家的猜测：金融市场机构是否陷入了新一轮炒作周期？他们是否准备好以更快的速度投入区块链技术的实施，比以往任何新技术的采用都要快？14% 的受访金融市场机构表示，预计会在商业生产环境中部署区块链解决方案，并且将于 2017 年大规模实施（见图 4.2）。我们的结论如何？通过分析他们对多个领域问题的回答，我们发现，被称为开拓者的先行企业虽然数量较少，但其雄心壮志却不容小觑。

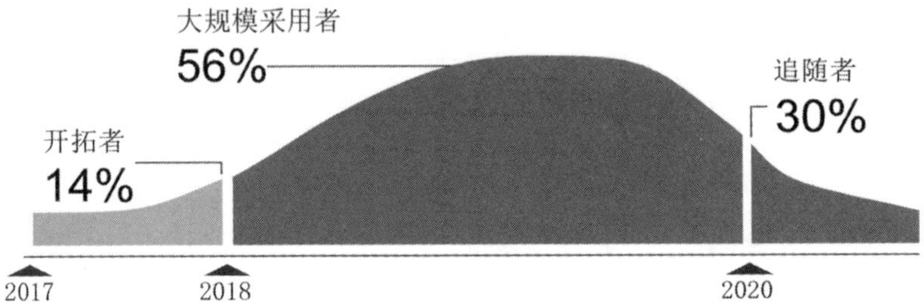

图 4.2　最早部署时间：受访者预计在商业生产环境中大规模部署区块链的时间

开拓者群体以资本市场为主，所占比例达到 50%，而在所有受访对象中的比例为 36%。其中 70% 是员工总数在 20,000 人以下的中小型公司。在第 2 章“全速前进”中，我们研究了区块链有多大的潜力可以消除阻碍企业发展和限制创新的摩擦。我们确定了九种对当今企业形成挑

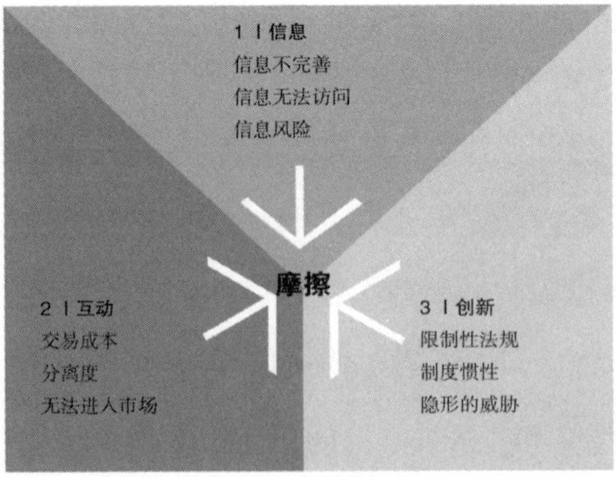

图 4.3　摩擦框架：区块链有能力最大限度地消除信息、创新和互动方面的摩擦

战的摩擦（见图 4.3），并分析了区块链可能带来的影响。本次调研询问了金融市场机构对这些摩擦的看法。

我们发现不但是开拓者，实际上还包括几乎所有金融市场机构，都期望利用区块链技术全面消除摩擦。但是开拓者的追求与其他金融市场机构有所不同。他们期望区块链技术能够大大减少无形威胁所带来的风险。他们希望区块链可以增强自身能力，帮助他们更好地应对那些曾经难以预测的新竞争对手和业务模式（见图 4.4）。

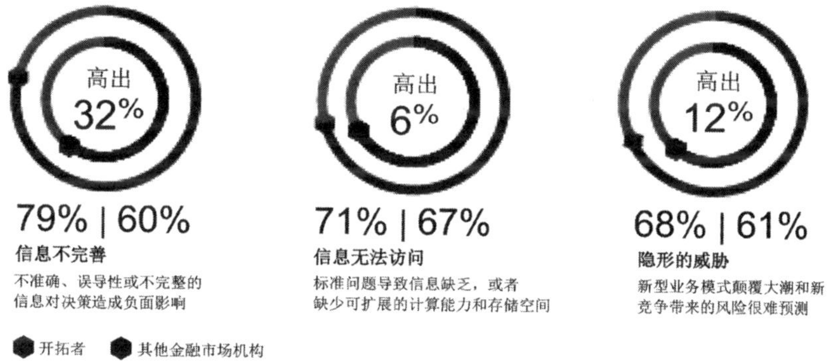

图 4.4　增长途径：开拓者确定了区块链可以最有效消除的三类摩擦

为了支持这一决定，他们重点关注那些阻断访问可信赖信息的摩擦——可能容易出错的信息或多个事实版本，以及可能难以访问的信息。

对于某些机构来说，现有法规以及全球市场惯例方面的要求可能会阻碍他们为实现商业化而付出的努力。而对于其他一些机构，同样的条件却有可能是首先快速采取行动的推动力。开拓者所具备的先行优势包括能够影响业务标准、首选技术、协议和法规，而其他机构则只能在将来接受这些结果。此外，由于老牌企业被初创企业追赶，而新的业务模式又在扩大规模，只有“先行者”企业能够在竞争中处于有利的地位，从容应对随之而来的颠覆大潮。

机构在未来几年如何应对区块链机遇？这当然取决于他们的处境、能力和志向，以及他们与监管机构的互动。但开拓者所做的计划、他们的优先任务和投资举措都将照亮前进的方向。

3　机遇探索者

开拓者优先考虑关键的业务领域，以期实现最佳效益

调研中我们要求金融市场机构在九个核心业务领域衡量成本、透明度和不可变性方面的效益，并分析他们的回答，以便计算每个业务领域的总分。分析结果表明，金融市场行业中几乎所有机构都准备于 2017 年或稍后进入区块链市场。他们希望所调研的每个领域都能从区块链技术获得显著效益（见图 4.5）。

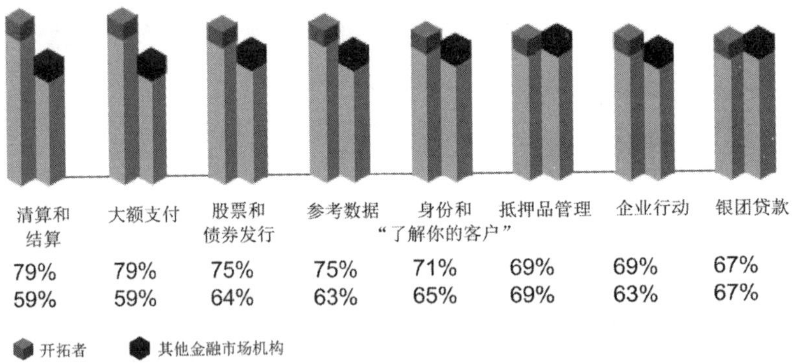

图 4.5　为所有领域带来优势：区块链技术对于成本、透明度和不可变性的影响

开拓者明确了四个领域，他们认为这些领域应当可以从区块链技术带来的流程改进中获得最大效益，其分别是：清算和结算、大额支付、股票和债券发行以及参考数据。当被问及最适合使用区块链技术开辟新

的革命性商业模式的领域时，开拓者从以上相同的四个业务领域中选出了三个：股票和债券发行、清算和结算以及大额支付（见图 4.6）。这些领域的集中试点表明，那些对市场基础架构参与者构成最大的去中介化风险的活动，可能会首先吸引行业的注意。

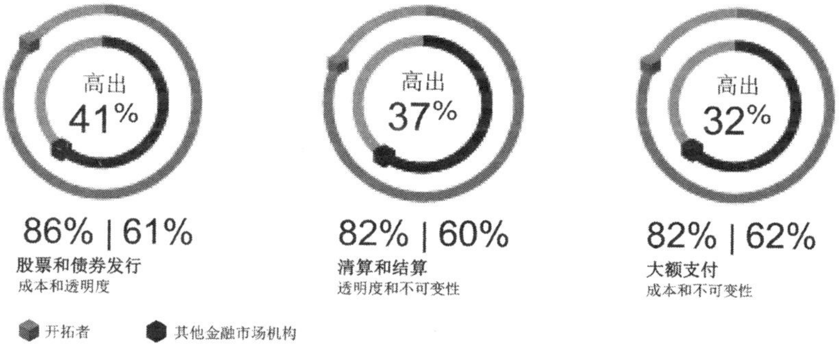

图 4.6　开拓者最主要的三个由区块链支持的业务模式

清算和结算

在调研涉及的所有业务领域中，开拓者从数据和交易不可变性中获得最大好处，主要体现在结算和清算方面（见图 4.7）。超过 43% 的开拓者预计区块链技术的不可变性可以带来诸多好处，比如消除失败的交易。

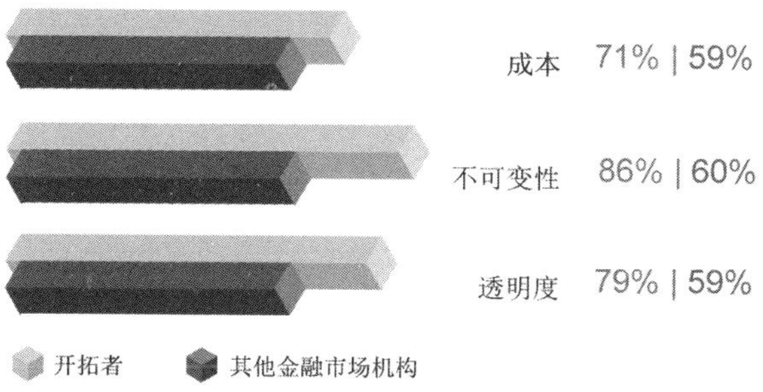

图 4.7　开拓者在清算和结算方面的主要优势

清算和结算活动同样具有监管复杂性。区块链上的交易失败或最终结算的法律处理等问题还没有得到解决。但是，将结算迁移至区块链环境所带来的好处是非常明显的。纳斯达克预计自己的区块链计划 Linq 可以使结算风险降低超过 99%。[2]

其他机构对证券结算时间进行了测试，结果表明，在区块链技术的帮助下，目前需要 3 天才能完成的流程可以在一天之内结束。亚洲最大的金融集团之一瑞穗金融集团已经证明，在区块链上几乎可以瞬间完成跨境证券结算。[3]2016 年 1 月，澳大利亚证券交易所（ASX）开始面向投资者开展区块链试点，以实现“大幅简化和加快交易后处理”，能够在当天甚至可以近乎实时完成结算，从而大幅降低客户面临的风险与合规成本。[4]

日本交易所集团在关于区块链概念证明的工作报告中写道：“在资本市场基础架构中应用 DLT（分布式总账技术）有助于创造新业务，促进业务运营，降低成本，甚至重建现有金融业务模式。”[5] 传统企业和金融科技企业都相信，随着金融市场机构的进一步发展，区块链上新的对等监管和结算网络可能会实现非中介化，或者至少改变以前需要授予信托的中间商的角色。

> “利用开源 DLT 解决方案，确保实现所需的保密性、安全性、标准化、可扩展性以及灵活性的水平，可以帮助我们在金融行业中创造有意义的网络效应。”
>
> ——Tom Zschach，CLS 技术和运营总监

大额支付

与结算类似，大额支付领域也有提升速度的潜在可能。这些高价值交易的过程非常缓慢，但由于其频率较低且每日产生的交易量较小，所以，**速度并不是最主要的目标。相反，开拓者比较重视降低这些人工密集型交易成本的机会**。事实上，在所有业务领域中，他们将大额支付列为从成本节省举措中受益的最主要领域（见图 4.8）。

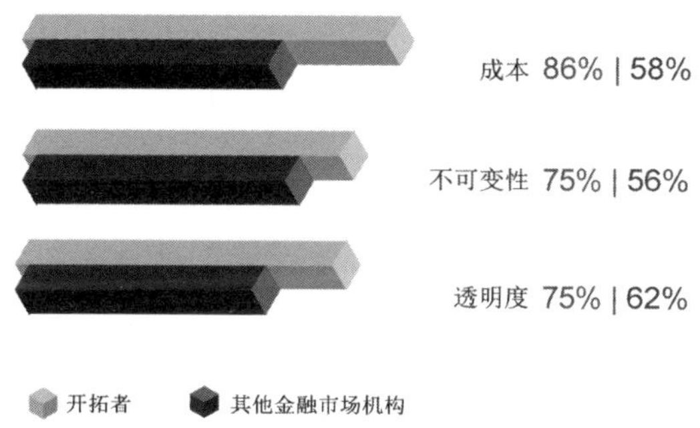

图 4.8　开拓者在大额支付方面的主要优势

全球外汇（FX）市场风险管理和运营服务的领先供应商 CLS Group（CLS）最近宣布，他们已经为 14 家机构提供担保，助其加入超级总账（Hyperledger）区块链上的、面向买方和卖方机构的全新支付净额结算服务。其背景是在现有的 CLS 环境中，针对未结算交易，尚缺少标准化的支付净额结算流程，全球市场因此受到限制，进而导致成本上升，日内流动性需求增加。

股票和债券发行

尽管股票和其他金融工具的交易需要法律监管和流动性，随着区块链支持的交易平台的建立，金融市场开拓者预计将实现显著的透明度和成本效益（见图 4.9）。由 15 家日本银行组成的财团 SBI 已经开始采用区块链技术，用于支持建立包括全天候结算在内的全新支付平台。[6] 银行的费用有望因此而减少 90%。他们计划在 2017 年春正式推出新服务。

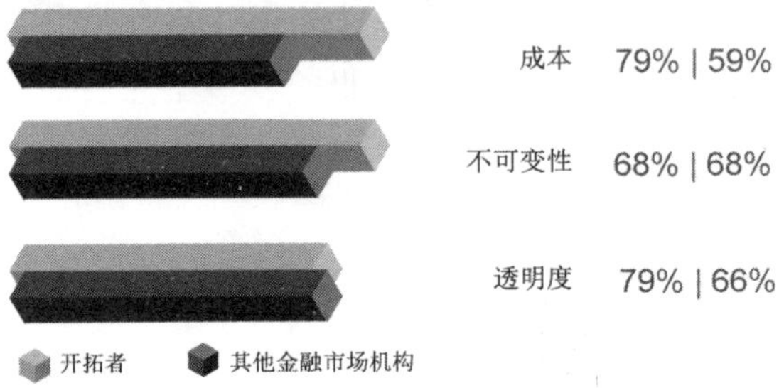

图 4.9 开拓者在股票和债券发行方面的主要优势

从一开始，金融市场机构的关注点就不在效率上，而是考虑从根本上为股票和债券市场建立全新业务模式。这些模式包括发行和分配无流动性金融工具的对等网络，以及新的产品包装模式，投资者可以从中获得区块链上数字化资金的份额。

2015 年 7 月，电子商务公司 Overstock 成为第一家在区块链上发行自己公司债券的企业，这一行动消除了无担保沽空的可能性，并将结算时间缩短至接近于零。6 个月之后，该公司获得监管部门批准，可以在区块链上发行证券。2016 年 9 月，Overstock 宣布与 Keystone Capital 建立伙伴关系，在区块链平台上与监管机构开展合作。[7]

参考数据

在区块链上，参考数据可以被实时自动捕获（见图 4.10），并且经过允许后在各业务部门和机构中进行验证和共享。实际上，区块链是一种实时更新的自我整合式事实系统。当彼此隔离的数据"孤岛"连接到区块链后，人们可以实现以下方面的效益：耗时耗力的对账工作几乎完全消失，可即时验证的审计跟踪有助于发现坏家伙；能够确保数据完整性，金融机构获得一个卓越的平台，可实现客户非常重视的即时分析和实时报告服务。

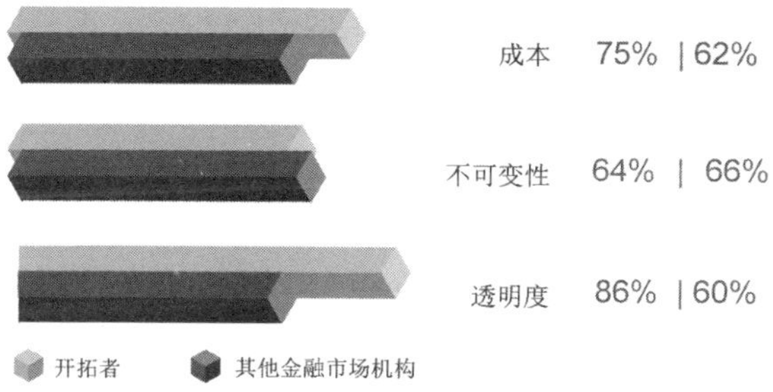

图 4.10　开拓者在参考数据方面的主要优势

最终，嵌入交易的数据（例如金融工具信息、时间信息或信托级别）可以为智能合约提供所需的信息，实现自动化互动，从而降低成本，缩短时间。虽然开拓者并不认为参考数据已经发展到可以进行业务模式转变的成熟阶段，但他们预测区块链可帮助企业通过数据实现经济效益，创建其他新型金融服务。**相比于其他活动，参考数据的监管复杂性较低，它是区块链计划的一个绝佳切入点**。

最近，七家买方和卖方公司以及证券业和金融市场协会（SIFMA），与区块链公司 Axoni 和 R3 联手，完成为期数月的概念验证，探索区块链如何简化参考数据流程。参考数据占金融交易数据的 40% 至 70%，由于缺乏自动化能力，以及对原有系统和流程的依赖，每个机构都需要保留自己的参考数据记录，这样就有可能产生不一致，还需要增派额外资源来进行对账。区块链有助于减少重复的参考数据成本和数据延迟，从而最终降低成本和运营风险。[8]

当单独考虑区块链的成本、不可变性和透明度效益时，其他额外的业务收益便突显出来。开拓者认为不可变性效益在抵押品管理和企业行动两方面也有体现，而成本节省效益在身份和 KYC 方面表现突出。

4 不断变化的利润池

发展和颠覆的新方向

对于区块链带来颠覆的前景，金融市场行业的机构表现得有些自满，这一点令人惊讶；而他们的商业银行以及小额银行伙伴们却并非如此。在调研中，我们发现，商业和零售银行业领域的大部分开拓者预测，九个业务核心领域中的五个领域将发生重大颠覆。相比之下，大多数金融市场开拓者认为，采访中所涉及的任何业务领域都不会出现太大的颠覆性变化。是什么原因导致出现这样截然不同的观点？

尽管监管机构到目前为止表现出良性的鼓励态度，但是金融市场中的监管可能会限制创新并约束新竞争对手的进入。至少现有法规可能会延缓颠覆的到来。股票和债券发行是出现业务模式颠覆可能性较高的领域，但是机构需要与监管机构紧密合作，为市场带来解决方案。

规模扩展以及随之而来的流动性需求在一些市场中同样扮演重要角色。业务标准也是如此。然而，如何定义信用违约掉期，如何管理保证金和抵押品，或是与区块链相关纠纷的法律处理，这些问题都需要事先达成一致意见，才能在全球范围推广。金融市场中存在成千上万种金融工具，但只有一个新生的计划来定义业务本体。再加上极其复杂的流程需要遵循市场惯例，并受到不断变化且偶有矛盾的严格法规要求的限制，这些因素都可能会成为企业采用区块链技术的阻碍。颠覆不可避免，但可能会推迟发生。

抵押品管理效率低下预计每年会给银行造成高达 40 亿美元的损失。[9]

通过投资实现增长

金融市场机构在以下五大领域投资最多：身份和 KYC、清算和结算、抵押品管理、参考数据和企业行动（见图 4.11）。

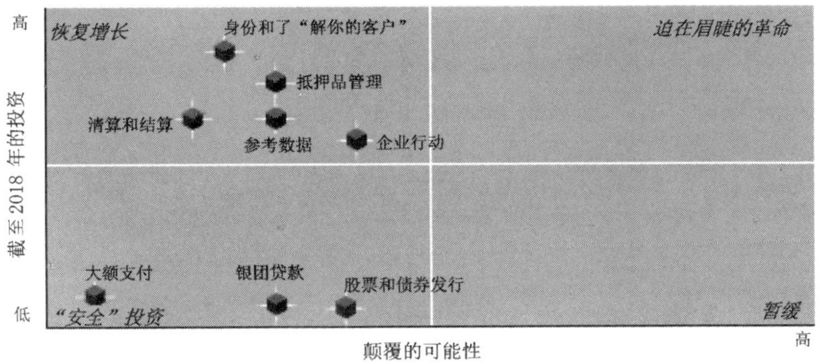

图 4.11　设定投资领域：所有金融市场机构确定的投资和颠覆冲击领域

矛盾的是，金融市场期望投资的领域并不是他们认为能够让业务模式转型实现最大效益或潜力的领域，只有一个例外。这表明金融市场的投资是为了解决新法规所带来的问题，而不是针对那些代表发展、创新和获得新客户的最佳机遇的领域。

例如，针对未清偿衍生品的新法规可能会推动抵押品管理领域的投资，而这种投资会侵蚀利润。随着抵押品成为受到更多限制的资源，相应的高效移动和管理需求也随之增长。

只有清算和结算领域是个例外，这个获得重大投资的领域同样位列三大最佳效益和业务模式之列。但这也是因为该领域即将应用新惯例，所以才会吸引更多投资。到 2017 年年底，T+2 制度预计将取代目前美国股票市场中 3 天的结算约定期。[10]

所有金融市场机构都采取稳健的投资战略。而开拓者的投资则超出常规。每个受访开拓者企业都表示，他们将在 2018 年之前投资于我们的调研所涉及的所有领域。与其他机构相比，他们首先关注的领域说明了他们的优先事项。他们在 2016 年投资于大额支付（开拓者 50% vs 其他机构 23%）和抵押品管理（开拓者 25% vs 其他机构 12%）的可能性要高出两倍以上。他们还考虑对清算和结算领域进行早期投资（开拓者 32% vs 其他机构 17%）。

Linux 基金会的开源技术项目“超级总账”（Hyperledger）的焦点是身份和权限。多家机构正参与“超级总账”项目合作，共同制定技术标准，促进区块链的互操作性，并帮助确保区块链平台能够与时俱进。

5 建议

为了最大限度从区块链获得价值，我们建议金融市场机构思考以下三个问题：

我们应该以多快的速度发展?

14% 的受访高管表示已经开始行动。这些开拓者设定了发展速度，并指明了前进方向，从而获得早期优势。大规模采用者可以研究开拓者所获得的经验教训，但是他们应该尽快做好准备，开始实际应用。

一半受访者认为，法规监管复杂性和限制对于采用区块链似乎是不可逾越的障碍（见图 4.12）。世界各地的监管机构和立法机构已经参与联盟，以确定如何改变法规，并了解监管机构如何从区块链受益。一些主要的金融市场机构正与监管机构就区块链项目开展合作，希望获得实施批准。这样的合作会对未来的监管环境产生影响，并推动区块链技术的广泛采用。

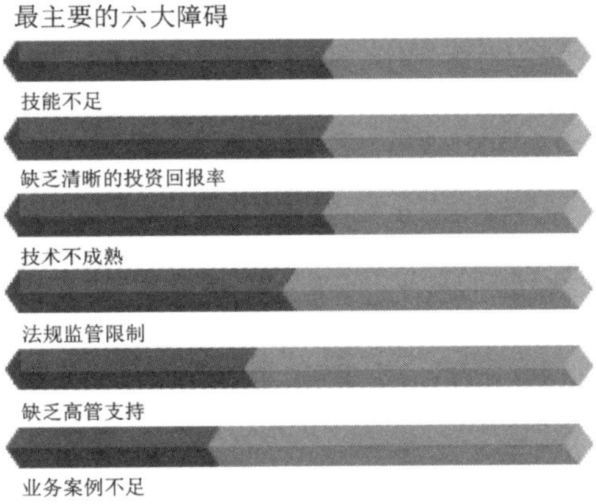

图 4.12　目前实施区块链的障碍

我们如何扩展业务网络?

一旦区块链扩展到多个参与方，就会开始出现网络效应——显著降低那些会阻碍发展的摩擦。开拓者已经在开发需要扩展的新业务和技术标准。大规模采用者应当加入开拓者的行列，开始建立强大的合作关系，包括加入正在建立业务标准的联盟。

60% 的受访企业仍将不成熟的技术视为一种障碍（见图 4.12），50% 的受访企业提到需要采用健全的机制来建立身份管理和高度的访问控制。安全和隐私标准有助于鼓励更多的参与者加入区块链网络，推动网络的扩展。

我们如何利用新的收入模式进行创新?

我们的数据表明，仅有 40% 的机构已经确定了有可能实现明确投资回报的领域（见图 4.12）。联盟为更好地了解区块链效益奠定了基础，而许多金融市场机构也已经意识到，加强与一些主要合作伙伴的合作对创新业务模式而言非常必要。新的收入模式必须能够预测当今和未来业务核心领域中潜在的颠覆性变革。无论是保护所有领域还是仅保护某些领域，最可靠的措施就是尽早尽快把握机遇，实现新的收入模式。

然而，随着市场的发展，区块链将至少能够增加一个新的收入流：参考数据的商业化潜力会不断提高。金融市场机构应当从一开始就将这一点纳入自己的考虑范围。

调研团队

Keith Bear，全球金融市场副总裁

Nick Drury，IBM 商业价值研究院，全球银行和金融市场主管

Peter Korsten，IBM 全球企业咨询服务部，全球思想领导力和卓越计划，副总裁

Veena Pureswaran，IBM 商业价值研究院区块链技术研究主管

James Wallis，全球支付行业和区块链技术副总裁

Likhit Wagle，全球行业总经理，银行与金融市场；行业学会成员

本文其他合作者

调研团队感谢以下人员对本报告作出的贡献：Steve Ballou、Kristin Biron、Jim Brill、Phil Enness、Angela Finley、April Harris、Christine Kinser、Anthony Lipp、Kathleen Martin、Joni McDonald、Smitha Soman、Stephen Ott、Donald Thibeau、Idrissa Thioune 和 Anne-Marie Weber。

注释与来源

1 Prisco, Giulio. "DTCC and Digital Asset Holdings to Test Blockchain Solutions for the $2.6 Trillion Repo Market." Bitcoin Magazine. March 30 2016.https://bitcoinmagazine.com/articles/dtcc-and-digital-asset-holdings-to-test-blockchain-solutions-for-the-trillion-repo-market-1459358814

2 Warner, Matthew. "Nasdaq Linq Issues Shares With Blockchain Technology." Allcoinsnews.January 4, 2016. http://allcoinsnews.com/2016/01/04/nasdaq-linq-issues-first-shares-with-blockchain-technology/

3 IBM press release. "Mizuho Financial Group and IBM to Test Blockchain Technology for Settlements Using Virtual Currency." June 23, 2016. http://www-03.ibm.com/press/us/en/pressrelease/50009.wss

4 Digital Asset press release. "ASX Selects Digital Asset To Develop Distributed Ledger Solutions For The Australian Equity Market." Jan 21,

2016. https://digitalasset.com/press/asx-selects-digital-asset.html

5 Alembakis, Rachel. "Blockchain-the next level" TraderNews. http://www.thetradenews.com/Technology/Blockch ain-The-next-level/

6 Ripple website. "SBI Ripple Asia Announces Japanese Bank Consortium." Aug 19, 2016. https://ripple.com/insights/sbi-ripple-asia-announces-japanese-bank-consortium/

7 del Castillo, Michael. "Overstock:Broker-Dealer Deal Will Open Blockchain Floodgates." CoinDesk.September 16, 2016. http://www.coindesk.com/tos-first-broker-dealer-could-open-blockchain-securities-floodgates/

8 Lambert, James. "R3 and Axoni explore the use of distributed ledger technology to reduce risk in reference data management with buy and sell side financial services firms." R3CEV.September 20, 2016. https://r3cev.com/press/2016/9/20/press-release-r3-and-axoni-explore-the-use-of-distributed-ledger-technology-to-reduce-risk-in-reference-data-management-with-buy-and-sell-side-financial-services-firms

9 Skinner, Chris. "Applying Blockchain to Clearing and Settlement." Fintech Ranking.August 28, 2016. http://fintechranking.com/2016/08/28/applying-blockchain-to-clearing-and-settlement/

10 SIFMA Resource Center. "Shortened Settlement Cycle." http://www.sifma.org/issues/operations-and-technology/shortened-settlement-cycle/overview/

第 5 章

区块链对电子行业的意义

——洞悉供应链，降低复杂性

调研团队：Bruce A. Anderson, Cristene Gonzalez-Wertz, Jaime Marijuan Castro, Brigid McDermott, Veena Pureswaran, Quentin Samelson

解决复杂性问题

随着价值链不断扩展至各个公司和各个层面，电子行业组织面临的市场环境日益复杂。区块链技术是一个新型工具，对该行业具有重大意义。它可以创建共享的同步账本，帮助组织管理整个价值链中的复杂性问题。我们最新的区块链调研揭示了关键的用例，其中积极采用者认为这将带来巨大效益，包括减少摩擦，以及避免与复杂业务流程相关的成本、时间和风险因摩擦而上升。

1　执行摘要

在《经济学人》智库的支持下，IBM 商业价值研究院对 16 个国家或地区的 200 位电子行业高管进行了调研，了解他们在区块链技术方面的体验和期望。我们发现，电子行业组织正在通过确定关键的收益领域，开始探索区块链技术。

14% 的受访者指出，他们的组织会在 2017 年大规模开发商务区块链解决方案。我们称之为开拓者，即那些对区块链的行业意义抱有最乐观心态的群组。他们表示，到 2018 年，组织会在业务领域对该技术进行大规模投资，这证明了他们对这项技术的极大热情（见图 5.1）。

开拓者们指出，区块链将会帮助他们减少导致行业环境日益复杂的摩擦。他们认为，“信息无法访问”、“法规监管限制”以及“隐形的威胁”是区块链技术可以缓解的三大主要摩擦。这种缓解作用可以提高开拓者在以下方面的能力：发现新业务模式、提高法规合规性以及更好地预测业务中断情况。

首先，开拓者确定了可以在时间、成本和风险方面带来最大效益的用例。区块链可以用于开展资产管理、库存管理以及组件溯源，从而提高整个供应链的可视性，实现上述效益，并支持组织开发新的业务模式。此外，开拓者还认为，随着行业对该技术的采用步伐不断加快，在边缘计算和数字市场的用例中，新业务模式出现的可能性最大。

14% 的电子行业组织
也就是开拓者，希望在 2017 年将区块链大规模应用于实际生产环境。

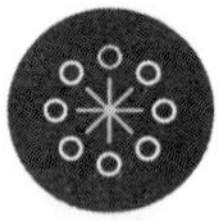

80% 的开拓型电子组织高管
认为区块链技术会在资产和库存管理、组件溯源、边缘计算和数字市场领域带来最大的效益。

60% 的开拓型电子组织高管
预计区块链技术会在数字市场产生最大的颠覆性变革。

图 5.1　开拓者对区块链技术具有极大热情

在本报告中，我们分享了关于区块链解决方案被市场采用情况的关键洞察。我们还探讨了早期采用者，即开拓者，如何使自己独树一帜，以及其他电子行业组织如何从区块链探索中受益。

2　开拓者制定游戏规则

William Gibson 曾有句名言说道："未来已来，但不会平分蛋糕。"这句话将很快得到验证。地理位置分散的非集中式生产和物流网络主宰着整个电子行业。每个产品都是多个部件、制造商、流程和分配等错综复杂事务的结合体，需要从想法构思到客户交付的各个环节都实现协调一致。

对于电子行业中复杂的多公司、多层次价值链来说，关键挑战在于使各个组件以最佳的方式、最快的速度实现顺利对接。随着参与电子行业价值链的企业数量日益增多，数据缺失问题也更加凸显。在一个规模不断扩大的流程中，提供重要上下文信息的数据在其中任何一个环节中发生丢失的可能性越来越大。换言之，随着数据在供应链中从一方传输到另一方，数据不同步问题随之而来。

因此，为保持数据的准确性和丰富性，许多微小流程和复杂环节就会出现。这些步骤旨在确保价值链中的各个参与方之间能够建立互相信任，并能够获取他们需要的数据，以便制定决策，并确保经济活动顺利开展。

早期技术［例如电子数据交换（EDI）技术］大大促进了交易双方在标准化的大量交易中的数据交换工作，包括组件供应商和制造商之间的采购订单和发票开具。然而，随着这种贸易模式不断扩展为多方交易模式，早期技术就不再合适也不再有效了，尤其是对于出现频率相对较低的交易。举例来说，设计一个及时有效的解决方案，来帮助一家组件供应商、一家原始设备制造商（OEM）、一家（或两家）物流公司以及一家电子产品制造服务（EMS）供应商四者之间达成交易，变得越来越难了。涉及的相关方越多，对速度的要求越高，数据在传输途中丢失的可能性就越大。

即使在相对简单的交易中，例如，一个制造商从一家供应商购买设备，这些复杂问题也无法避免。假如交易双方位于不同的国家，而且双方之间没有直接联系，那该怎么办呢？通常情况下，电子行业组织会依赖于中间机构。制造商可能需要从银行获取信用证，然后与供应商建立业务联系，以确保供应商可以切实获得款项。同时，负责运输设备的运输商需要记录设备所有权何时从一方转向另一方。可能需要审计员核实制造商已收到设备，并顺利地安装到了制造商的站点，然后通知银行。即使在当下的信息时代，这个流程中的诸多步骤仍然依靠人工阅读交易记录，然后启动下一步骤。因此，交易可能需要花费数天，甚至数周才能完成。

最终的结果就是，各个流程会涉及多个相关方，会带来大量摩擦，还会对传统运营结构造成压力。交易量和基础数据缺失导致系统无法执行某些专用流程，例如管理贸易金融或确保产品不包含“争端矿物”。

但是现在出现了全新高效的解决方案：区块链，即共享的分布式账本，各方都可以用它来创建与某个资产相关的每项交易的共同记录。区块链可以减少复杂性带来的摩擦，避免导致与业务流程相关的成本升高、时间拖延和风险增大等问题（见“快车道”）。

快车道

信用证通常不能以数字形式进行分享或存储。因此，买方、卖方以及他们各自的银行要交换纸质文档（这些文档通常由快递公司传递），然后进行签名、会签并确认已履行销售合同条款，以便进行支付。最近，UBS 金融服务公司完成了有关超级账本区块链的概念验证（PoC）。通过将销售发票及合同与信用证连接起来，他们目前预计，整个流程所用时间仅为 1 小时，而非以往的 7 天时间。

3　区块链：应对电子行业中的价值链挑战

传统上，各个公司都拥有仅包含自己企业交易的账本，例如货币或财产，包括知识产权。每个账本均反映单个相关方所持有的信息。例如，在购买组件时，OEM 不会在其将这些资产转交给其他方（例如，合作伙伴、供应商或客户）后继续跟踪后续情况。但是在区块链上，这个账本是与多方共享且分发到各方的，在每次交易发生后，信息都会实时更新，以反映商品实物流和资金流的动态情况（见“基于消息的通信 vs 基于状态的通信”）。

基于信息的通信 vs 基于状态的通信

现在，广大组织可以通过来回发送信息完成各种任务，并且每个组织都能了解自己本地的任务状态。在区块链上，消息代表着共享的任务状态，每条消息都表示任务进入生命周期中的下一个状态。区块链改变了传统范式，打破了信息由单个所有者掌控的局面，形成了关于资产和交易的共享式完整记录。新范式是基于状态的通信，而非基于消息的通信。

虽然安全规定会限制一些参与方查看每笔交易的详细信息，但是区块链交易中的每位参与方都拥有完整的账本副本。举例而言，当 OEM 从另一个国家购买组件时，有关信用证开具银行、电子产品制造服务提供

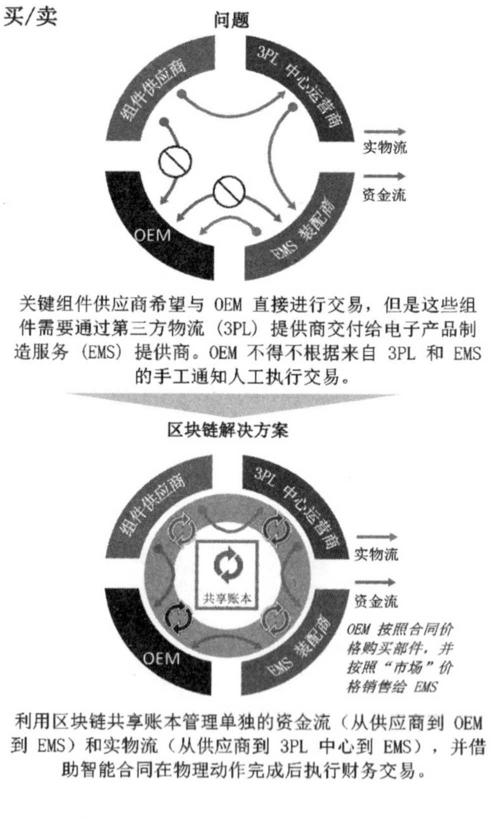

图 5.2　利用区块链管理 OEM 复杂性

商、第三方物流（3PL）提供商、客户和监管人员的信息也都可以通过该共享账本进行更新（见图 5.2）。各相关方之间的商品实物流、组件所有权的转移以及预测数据流等都能够以同步方式进行跟踪。这些更新可以通过对等复制来完成，最终每位参与方的账本都会在最小延迟时间内实现同步。

在区块链上捕获的数据存在于不断延长的链条中，还存在于每项交易发生后生成的不可更改的记录中。在有权限限制的区块链中，各参与方可以根据他们的角色和访问权限查看具体的数据成分。

有权限限制的区块链可以保证两个级别的安全性。第一个级别，确定哪个参与方有权查看账本；第二个级别，规定允许这些参与方有权查看哪些信息。另外，该账本是固定的，或者说是“不可更改的”，这意味着任何人都不能在交易完成后执行更改操作。在活动发生时保持透明可见以及对活动设定访问权限，可以防止出现不良行为，并减少欺诈情况。

区块链中的智能合同能够确定自动处理交易的条件。这一功能消除了成本高昂的人工作业，也避免了容易出现的错误和延迟问题。这些只是区块链巨大价值的冰山一角。

开拓者：热情迸发

我们咨询了电子行业的高管，询问他们做好了何种准备来实施区块链。14% 的受访者表示，希望 2017 年在商业生产环境中大规模部署区块链。我们将这组受访者称为开拓者。到 2020 年，将近四分之三的电子行业组织预计将会使用区块链开展运营（见图 5.3）。

迄今为止，服务行业中的区块链 PoC 最为普遍。然而最近，区块链

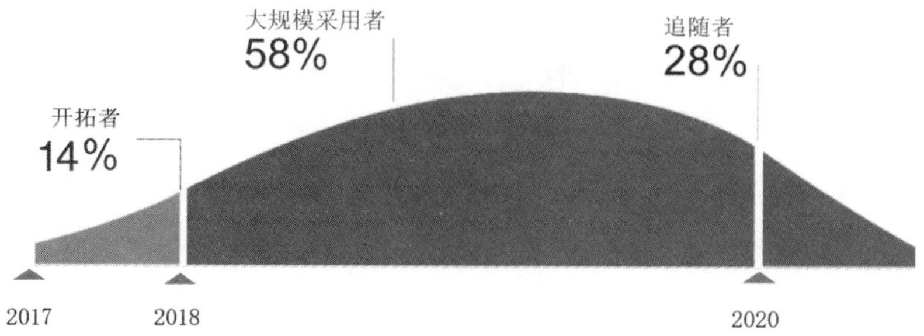

图 5.3　最早部署时间：受访者预计在商业生产环境中大规模部署区块链的时间

的威力波及了其他行业的供应链——常见用途是用于加快物流和跟踪商品来源或所有权。

电子行业中的开拓者对将区块链应用到业务网络中抱有最浓厚的兴趣。他们表示到 2018 年，将在各个业务领域大力投资该技术，首选的就是供应链等关键领域，这证明了他们的创新热情（见图 5.4）。

开拓者的极大投资热情可能是受金融服务领域早期成功的影响。例如，IBM 全球融资部为从 IBM 供应商处购买产品的数千家合作伙伴提供信贷服务。它已经试行了区块链解决方案，处理了 290 万次交易，这些

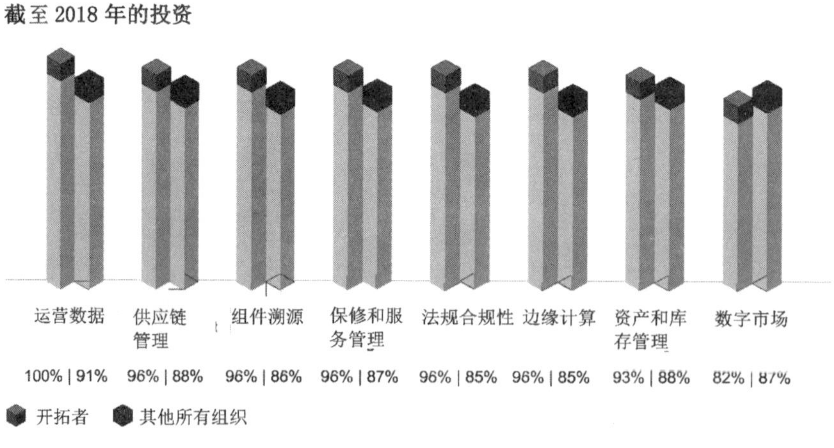

图 5.4　各个组织在大力投资区块链方面高度一致

交易原本每年会导致 25,000 次纠纷，并会占用 1 亿美元资本，通过将数据传输至区块链，IBM 将纠纷解决时间从 40 天削减至 10 天以内，从而将资产效率提高 40%。

摩擦数量显著下降

在第 2 章“全速前进”中，我们研究了区块链有多大的潜力可以消除阻碍企业发展和限制创新的摩擦。[2]

我们发现，所有的电子行业组织都表示区块链可以减少我们所发现的大部分摩擦源头。但开拓者在一个方面与市场中落后的同行形成鲜明对比：他们认为区块链可以帮助组织从之前不可访问的信息中获得优势，并且他们对这个观点的支持率比其他受访者高出 36%。

电子行业组织无法轻易访问的数据可能位于物联网（IoT）的边缘位置，并且由于设备生成的数据流数量庞大，这些数据也很难进行共享。这些数据还可能位于其他组织的数据库中，其他组织因为害怕失去竞争优势而没有进行共享。但是在有权限限制的区块链上，各方可以掩盖自己的身份。例如，OEM 能够告知供应商已经收到商品，同时又不会向生态系统中的其他组织披露供应商的名字。

随着访问新信息源的能力不断增强，获得的可视性水平也越来越高。开拓者表示，更高的透明度会减轻遵循限制性法规的压力，而之前多层次组织的复杂性模糊了责任分工，也限制了合作伙伴的选择。同样地，通过访问区块链上的更多信息，就可能在业务被颠覆之前发现隐形的威胁（不可预测的新业务模式和竞争对手）（见图 5.5）。

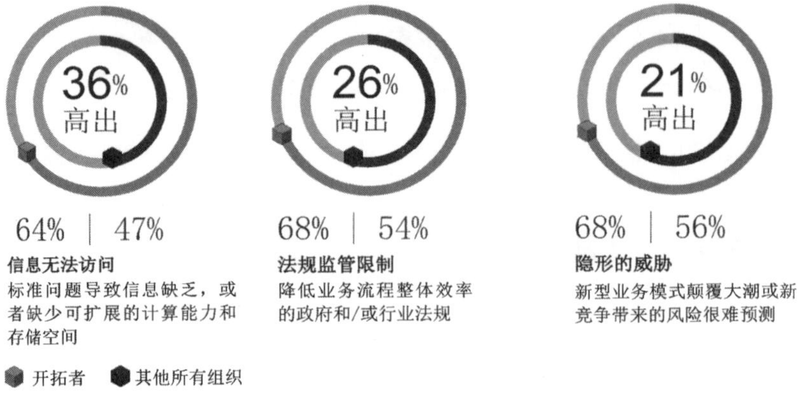

图 5.5　发展途径：开拓者确定了区块链可以最有效消除的三类摩擦

4　采用区块链时应解决的首个问题：从何处开始

许多组织发现，他们可以利用区块链解决复杂性问题，并极大地减少与固化流程相关的时间、成本和风险。对于电子产品行业来说，这项技术特别适合于供应链的各个方面，而这正是电子行业组织采用该技术的绝佳切入点。

保护品牌，预防风险

区块链可以帮助跟踪商品的来源（见图 5.6）。这项功能非常有用，能帮助公司检测假冒伪劣产品和“争端矿物”，从而保护他们的品牌声誉。规避假冒伪劣产品，有助于确保消费者获得他们期待的品牌质量和品牌体验。同样的，区块链可以跟踪进入到电子行业的矿物，确保矿物不是来自争端区域，保护品牌的声誉并简化对合规性的监管。

如果电子行业供应链有若干个深入的层级，那么管理各个组件和合

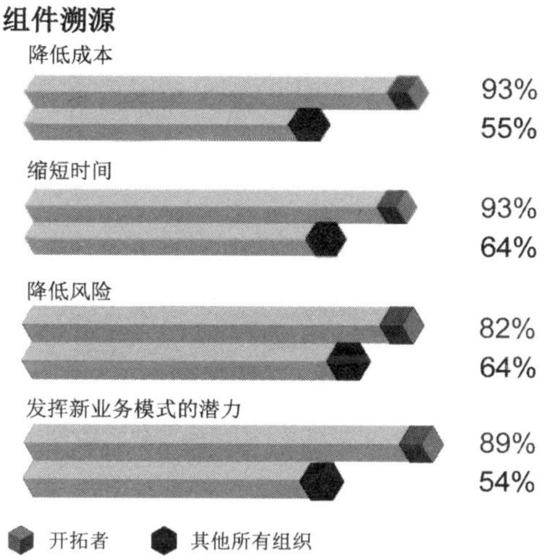

图 5.6　认为区块链组件溯源功能会带来重大业务收益的受访者之百分比

规性的工作就难以开展。供应商和 OEM 可能无法掌控运输中的商品。但是，在区块链上，数据可以确定组件位置并跟踪组件的去向。所有权证据、近乎实时的位置，甚至商品的运输条件等信息都可以被捕捉到，并进行共享和存储，从而形成一条可靠的审计链条。

在区块链上跟踪组件来源可以防止争端钻石的流转和销售（见“永久安全”）。区块链技术可以帮助确保由合规无争端的矿山提供的矿物，从生产到冶炼再到组件制造商和产品收购商的过程中，没有任何损坏或变化。稀有矿物（特别是电池相关矿物）的合规证据可以与产品相伴而行，从而减少产品进入某些地区的障碍。

永久安全

总部位于伦敦的 Everledger 正在帮助各家公司跟踪钻石的来源。Everledger 不再利用很容易伪造且与运输分离的纸质文件，而是利用区块链上的数据来跟踪每颗钻石的来龙去脉。最终，由强制劳动力生产的“血钻”无法进入市场，并且被盗钻石也可以得到永久追踪，进而降低保险公司的风险。

无独有偶，**溯源功能可以用于识别假冒伪劣产品**。在半导体行业中，假冒伪劣产品可能会通过最初的测试，但是一旦进入实际应用中，它们就会出现问题，进而造成严重的经济损失和声誉损害风险。尝试通过测试来鉴定真伪会增加流程延迟时间和成本，且并非总是有效。[3] 在区块链中登记各种半导体可以消除中介机构成本，甚至可以从最开始就阻止不良行为（见图 5.7）。

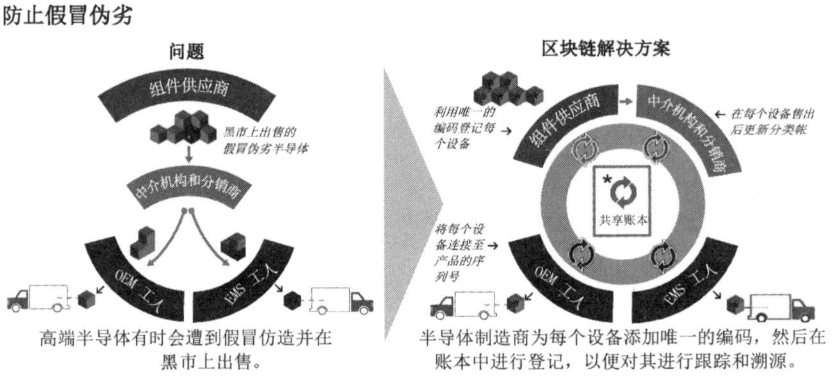

图 5.7　防止假冒伪劣：不可更改的审计跟踪

关键军事和医药产品制造商可能是最早采用了区块链支持下的溯源解决方案的企业。最终，这项技术会通过先进的功能造福从智能手机到家电设备领域的几乎所有的产品制造商。

许多行业的监管机构已经与广大企业合作开发区块链，建立商品起源、监管链以及不可更改的审计跟踪。

广大公司可以使用区块链跟踪电子垃圾的处理情况，甚至可以确认商品是否符合能源要求。由于存在诸多层面，合作伙伴很难找到违规源头。通常情况下，执法部门仅依靠供应商的问卷调查和审计结果来确认是否违规，而针对供应商的任何审计结果往往仅深入考察了单一层面。这些人工审计工作十分耗时，以致电子产品行业不得不缴纳商品和服务的“合规费”，以显示自己负责任的态度。

对于每个用例来说，区块链都可以通过维持一个不可更改的分布式账本，来帮助组织支持审计流程。

管理虚拟供应链

区块链可以帮助 OEM 了解其产品的准确位置。在某些情况下，这一洞察非常重要，比如，OEM 从来不与产品产生实际联系，而是管理从 EMS 提供商到 3PL 提供商，再到客户的产品移动轨迹。借助区块链以及分析和认知能力，电子产品制造商可以扩展端到端的可视性，进而创造机会以在价值链中进行及时的动态优化。

对于电子产品行业来说，平均总库存价值占收入的 10%。[4] 区块链支持的资产和库存管理消除了复杂性带来的高成本，而复杂性正是由多源供应商、资产转移和本地生产要求所导致的（见图 5.8）。这项技术还会继续扩展到其他区块链应用。例如，当识别并跟踪到一部手机从仓库到零售商或客户的移动轨迹时，这部手机就可以被连接或扩展至区块链，人们可以进而管理其生命周期的后续阶段，例如预防欺诈和提高保修相关服务的水平。

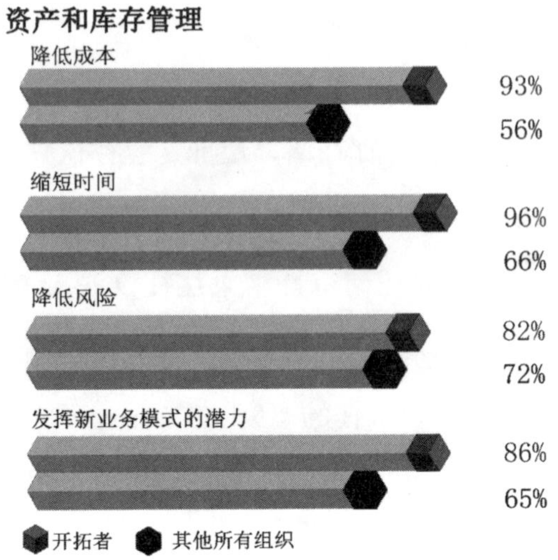

图 5.8　认为从基于区块链技术支持的资产和库存管理中会获得重大业务收益的受访者之百分比

“来自区块链的强大可视性有助于更有效、更确定地遵循复杂的法规，”IBM 企业环境事务与产品安全副总裁 Wayne Balta 说，“我认为，目光远大的电子产品公司会利用这种全新的透明度，更好地管理环境监管工作，并提高品牌的知名度。”

OEM 需要花费大量时间来确定 EMS 提供商生成了多少产品，并在商品运输到 OEM 仓库或直接运输到客户手中的过程中，对商品进行跟踪。在区块链上登记的产品可以从 EMS 的生产线一直被追踪到每个可能的目的地（见图 5.9）。

一般来说，跟踪系统，比如监视车间工作情况的生产制造执行系统，仅能用于跟踪单个组织的活动。而借助区块链，跨公司的跟踪系统

生产跟踪

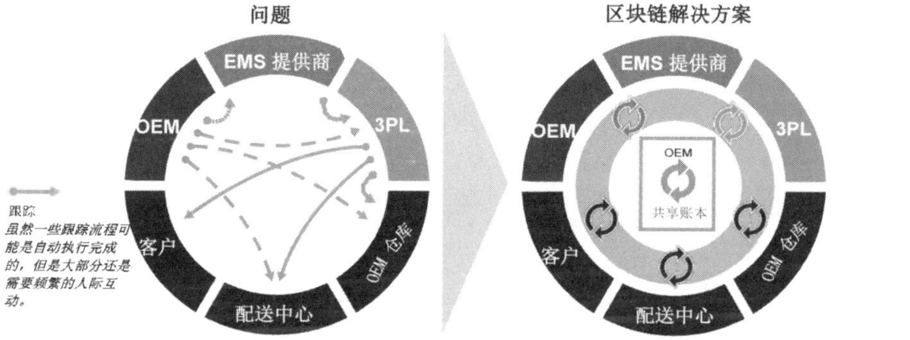

OEM 与 EMS 提供商需要花费大量时间进行跟踪，才能确定已完成产品的确切数量。

利用区块链共享账本可以跟踪和追溯产品的整个移动轨迹，从 EMS 生产线到运输流程，再到每个可能目的地。

图 5.9　在区块链上跟踪产品

成为可能。在数据链建成并实时更新后，组织就可以及时发现突发性业务中断或瓶颈问题，比如部分订单的运输情况，海关港口的滞留商品，或者没有通过认证和质量检测的部件。

通过在设备生命周期的现场服务阶段扩展监管链，组织还可以检测到异常情况，并阻止一系列与保修和服务相关的欺诈活动。此类异常情况例如：利用自助服务软件更新过程中发生设备宕机的情况，提供虚假的购买证明，或者滥用由呼叫中心指定的异常保修服务等。区块链不仅可以预防欺诈，也可以帮助提高客户服务水平，例如保修延长和保险服务。

5　发展方向：来自区块链的新业务模式

随着组织不断掌握区块链技术的精髓并将该技术更广泛地应用到整个价值链中，新业务模式便会随之出现（见“区块链和停车场”）。例如，这项技术特别适合用于规避复杂度，以及对边缘计算和数字市场业务模式进行创新。虽然这两个领域处于良好的初期发展阶段，但是电子产品行业的高管认定它们是最可能导致行业转型的领域。

区块链和停车场

IBM Watson 物联网区块链停车收费表使用移动手机来转移资金（在这个用例中，停车位的使用按固定时长计费）并凭此付款。在未来某一天，同样的方法可能会用于实时支付电子部件的费用，当这类部件被用于生产环境或者其本身是按次计费的消费性电子产品。

边缘计算：从物联网中提取数据

技术人员正在竞相掌握边缘计算技术。对于电子行业来说，其期望就是借助区块链和边缘计算的双重力量，改善对来自物联网设备的海量数据流的管理，进而创造切实的业务收益（见图 5.10）。

边缘计算将数据分析能力扩展至网络边缘的设备，从而避免了将数据返回至云端进行处理的麻烦。区块链可以保护拥有唯一标识的每个网络节点，该标识可以验证物联网设备的身份，以及源自这些设备的数据的完整性。

嵌入式传感器可以提供部件的不可更改的历史记录，覆盖从生产制造和装配直到供应链的整个过程，还可能包括影响使用寿命或计划维修的关键事件。这些信息可以在区块链上以安全的方式与供应链合作伙伴、OEM 和监管机构进行共享。

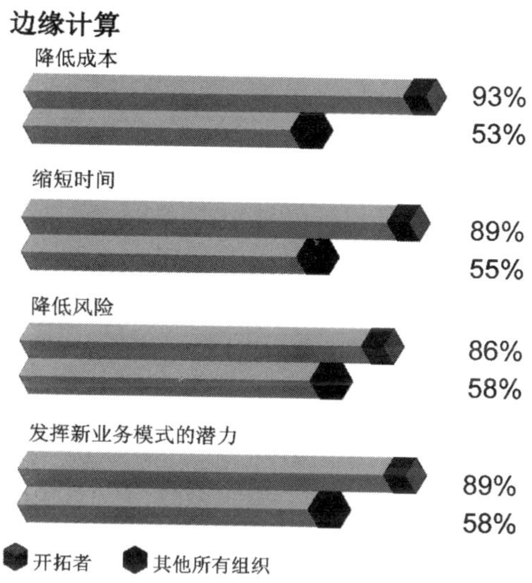

图 5.10 电子行业开拓者认为利用区块链技术可以获得重大业务收益并实现转型

共享的物联网和区块链账本可以保存关于使用情况、维修、保修和更换部件的记录。在召回事件中，账本可以找到可能会出问题的部件的具体批次，从而避免大范围的召回工作。

组织有了关于良好部件、已完成的维护和资质的证明，就可以提高实际历史记录的透明度。这种透明度会增加自信心和安全性，因为更换部件来源和所有服务都会不可更改地被记录下来。另外，保险公司、贷款机构和保修服务供应商可以依此发掘新的业务商机。[5]

各种低延迟、高可靠性的网络都是工业物联网的助力，但仍有两项障碍需要突破：通过各个独立路由器共享物联网设备数据，以及高昂的交易验证计算成本。眼下，技术挑战无比严峻。但是，回报可能出人意料。据估计，企业通过不断监视设备的最新状态，预测并采取正确的行动，可以将年度维修预算削减一半。

随着边缘计算和区块链技术的发展以及两者的协同发力，企业运营效率和灵活性将会达到最高水平。无数的新业务模式都会随之而来。

6 数字市场

到目前为止，鲜有电子行业组织（消费品组织除外）已从数字市场中获得重大价值。但是开拓者确实看到了彻底改变他们与客户和业务合作伙伴互动方式的可能性（见图 5.11）。

在我们所调研的八个领域中，由区块链支持的数字市场是各个组织预计会出现重大变革的一个领域。三分之二的开拓者认为，这些由区块链支持的新市场会发生重大变革，相比之下，对所有其他领域持有相同观点的开拓者比重仅为 7%—14%。

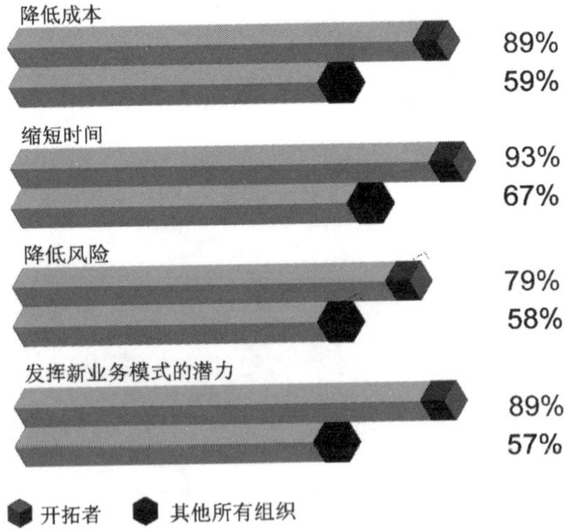

图 5.11 认为利用区块链技术可以获得重大业务收益并实现转型的受访者之百分比

随着越来越多的组织预计会将更高比重的收入投入到服务领域，支持基于区块链的对等消息传递 / 交易的数字市场将会得到更广泛的应用。这可以极大地提高与企业许可协议相关的服务水平，以及软件更新的可追溯性。举例而言，智能合同可以自动跟踪使用情况，记录软件许可证的每一次使用情况，以及返回到许可证池的时间。

跟踪客户软件的实际使用情况，而不是依靠事后的人工审计，可以缓解突发状况带来的压力。该功能可以扩展至提供“片刻”级使用情况信息——根据需求向上或向下扩展，并对潜在服务进行分层，其依据可以是认知代理或机器人提供的建议。

区块链还可以催生一种全新的方法，用于保护、管理和利用知识产权。由区块链所支持的全新存在性证明平台现在已经投入使用，主要用于为创造性内容（如音乐）注册版权。针对音乐下载的新数字市场预计会在 2017 年下半年如期而至。

正如区块链对版权的意义一样，这项技术可以提供无可争辩的、跨司法管辖区域的知识产权记录，在保护所有权的同时，支持新业务模式获得许可。通过智能合同自动执行的付款可以有效地在多个所有人、投资者和用户之间进行分配。

因为跨司法管辖区域进行注册和获得许可非常复杂，所以与管理许可相关的交易成本限制了组织对最重要资产的利用率。借助区块链，即使是很少或偶尔使用的知识产权也可能获得高效管理。最终，知识产权会成为公司的收入来源而不是成本中心。

7 建议

我们应该以多快的速度发展？

14% 的电子行业受访者，即开拓者，已经踏上了采用区块链的旅程。这些组织设定了发展速度，并指明了前进方向，从而获得早期优势。稍慢一步的大规模采用者可以研究开拓者所获得的经验教训，但是他们应该尽快做好准备，开始实际应用。组织应当找到经证实效率最为低下的复杂流程，深入探究其所在的业务领域，然后与关键合作伙伴进行讨论，联合执行根本原因分析。

61% 的受访者担心监管限制可能会阻碍区块链的采用（见图 5.12）。但是，由于区块链透明性可以协助更轻松地执行并遵循监管法规，监管机构有充分的理由与电子行业机构开展合作。

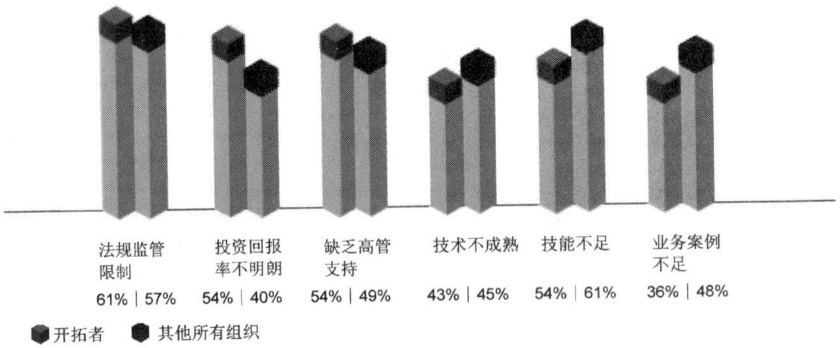

图 5.12 部署障碍：区块链采用障碍

我们能否制定全网标准？

开拓者已经在开发需要扩展的新业务和技术标准。大规模采用者应当加入开拓者的行列，开始建立强大的合作关系，包括加入正在建立业务标准的联盟。

54% 的组织将“投资回报率不明朗”、“缺乏高管支持”、“技术不成熟”视为采用障碍（见图 5.12）。技术标准可能随新兴项目而创建，比如超级账本项目致力于开放性标准、互动性、隐私性和安全性。

有关投资回报的担忧在某种程度上也可以反映行业价值链的复杂性。广大组织应该清楚在这些早期阶段最重要的是学习，而不是陷入对投资回报的困惑当中。与其坐等更多证据出现，不如亲自进行尝试、监测结果并完善所学知识。一旦完成了这些步骤，组织就可以更好地控制投资回报。

我们应当从何处开始？

问问自己，您已发现的问题是否在本行业中普遍存在。虽然仅针对一个企业及其贸易合作伙伴的区块链确实具有价值，但行业中普遍存在的问题更具说服力，并更容易获得其他企业的认同。因为随时间推移，几乎所有公司都希望与新的合作伙伴合作，所以**只要您当前的合作伙伴采用了您的解决方案，那么您很快就会超越同行**。

我们是否可以扩展全新的收入模式？

联盟为更好地了解区块链所带来的效益奠定了基础，而许多电子行业的组织也已经意识到，加强与一些主要合作伙伴的合作对创新业务模式而言非常必要。

对于区块链将对行业前景带来怎样的颠覆性影响，受访组织的态度相对乐观，但**着眼于从颠覆性变革中受益的电子行业组织，应该密切关注与物联网相联系的区块链应用**。新的收入模式，包括基于用量的定价，便有可能随之出现。

调研团队

Bruce A. Anderson，全球电子行业执行总监

Cristene Gonzalez-Wertz，IBM 商业价值研究院电子产品和认知生产制造调研负责人

Jaime Marijuan Castro，全球 CoC 电子行业高级管理顾问

Brigid McDermott，区块链业务开发副总裁

Veena Pureswaran，IBM 商业价值研究院区块链调研负责人

Quentin Samelson，全球 CoC 电子行业高级管理顾问

本文其他合作者

调研团队感谢以下人员对本报告作出的贡献：Wayne Balta、Christophe Begue、Kristin Biron、Rob Carson、Krish Dharma、April Harris、Peter Khoury、Christine Kinser 、Martin Kienzle 、Anne Marie Weber、Joni McDonald、Brian O'Sullivan、Smitha Soman、Donald Thibeau 和 Hiroshi Yamamoto。

注释与来源

1 del Castillo, Michael. “UBS Unveils Blockchain for Trade Finance at Sibos.” Coindesk. September 29, 2016. http://www.coindesk.com/ubs-

blockchain–prototype–trade/

2 Cuomo, Jerry, Shanker Ramamurthy, James Wallis et al. “Fast forward: Rethinking enterprises, ecosystems and economies with blockchains.” IBM 商业价值研究院，June 2016. http：//ibm.biz/blockchainstudy

3 del Castillo, Michael. “UBS Unveils Blockchain for Trade Finance at Sibos.” Coindesk. September 29, 2016. http://www.coindesk.com/ubs–blockchain–prototype–trade/

4 IBM Institute for Business Value Benchmark Analysis. 2017. 5 “Trusting the transaction of things:IoT and blockchain intersect.” IBM.2016.http://www–01.ibm.com/common/ssi/cgi–bin/ssialias?htmlfid=WWS12352USEN

第6章

医疗保健业集结于区块链

——以患者为中心

调研团队：Sean Hogan, Heather Fraser, Peter Korsten,

Veena Pureswaran, Ramesh Gopinath

自我矛盾：预计会出现大量创新，却又认为不会出现巨大变革

医疗保健组织可能并非世人眼中那般墨守成规。他们已经开始采用区块链技术，甚至稍稍领先于金融行业。他们认为，在多数调查领域中，将会出现大量的业务模式创新机遇——他们的眼光远远超越了迄今为止我们调研的所有其他行业。但与此矛盾的是，医疗保健行业高管认为未来并不会出现太多巨大变化。简而言之，他们虽然发现了诸多新机遇，却又认为整个行业不会遭到新兴竞争对手的颠覆。他们认为，在大量法规的保护下，现状可能会保持不变。

1　执行摘要

最新的 IBM 商业价值研究院区块链调研，针对 200 位医疗保健行业高管开展了调查，包括来自 16 个国家或地区的支付者和提供者。我们发现，对于区块链技术，16% 的受访者不仅仅止于试用阶段，而是希望在

2017 年大规模采用商用区块链解决方案（见图 6.1）。这些开拓者是区块链应用领域的潮流引领者，希望能够消除阻碍自身发展的摩擦。他们希望能够获取可信的新信息，保护自身安全，开拓新市场。

开拓者认为，区块链技术会为临床试验记录、监管合规性和医疗 / 健康记录领域，在时间、成本和风险方面带来最大收益。他们还预计，在九个业务领域中，有六个领域将会出现大量的业务模式创新，这种观点超越了迄今为止我们所调研的其他行业。

尽管医疗保健机构预计将会出现颠覆性创新，但他们（包括开拓者）认为未来并不会出现巨大变革。他们可能认为监管法规会遏制新竞争对手和新模式的发展。无论如何，医疗保健机构都在全力投资区块链试用项目，其中 90% 的受访者计划在 2018 年之前对我们调查的所有业务领域进行投资。

图 6.1　医疗保健机构在全力投资区块链试用项目

2 开拓者制定游戏规则，指引发展方向

请暂时忘却“大数据”，思考一下“长数据”，也就是纵向数据，以及这类数据在医疗保健领域的应用。

如果拥有完整的个人健康历史记录，将会带来何等宝贵价值？如果可以记录每个生命体征，并且可以高效准确地捕获与所用药物、每位医生诊断、患者疾病和手术相关的信息，那将会怎样？可以预知，医疗服务的质量和协调性将会有所提高，而且相关成本和风险也会相应降低。

纵向数据是与人员、地点或事物相关的完整历史数据。这正是区块链技术所擅长的领域。

区块链的数据可以横跨不断壮大的个人和机构群体进行实时共享。每个事件和交易都有时间戳记，成为一条长链或永久性记录的一部分，且无法在事后进行篡改。在没有权限限制的区块链上，各方都可以查看所有记录。在有权限限制的区块链上，各方可以通过协定，确定哪些参与方可以查看哪些交易，从而维持隐私性，并且在需要时，各方可以掩盖自己的身份。

通过这种方式，区块链的视角从单个所有者持有的不同数量的信息，转移到了资产的生命周期历史记录。在资产流经整个供应链时，无论是患者健康记录，还是一瓶药片，资产的所有历史记录均清晰可见。

从区块链采用角度来看，医疗保健组织发展速度较快，并有超越金融行业的趋势。令我们惊讶的是，16% 的医疗保健组织是勇于进取的开拓型组织，并准备在 2017 年大规模采用商用区块链技术（见图 6.2）。

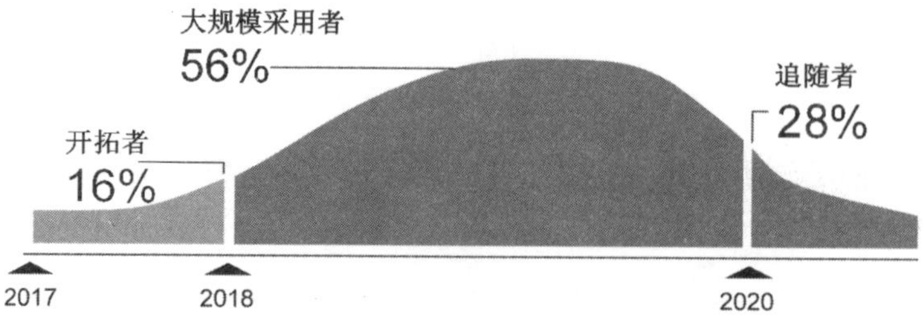

图 6.2 最早部署时间：医疗保健业受访者预计在商业生产环境中大规模部署区块链的时间

而在我们对银行业和金融市场企业开展的调研中，分别仅有 15% 和 14% 的企业计划在 2017 年大规模部署商用区块链技术。

在区块链方面，每个区域的发展程度各不相同。例如在美国，北美地区的医疗保健组织相对落后于所有其他区域。在我们的调研中，仅 8% 的北美受访者属于开拓者。在美国，率先适应了由 2010 年《平价医疗法案》所催生的新模式的组织，除部署区块链技术外，可能还考虑了其他优先任务。

开拓型医疗保健组织所具备的先行优势包括对业务和技术标准的影响力。而其他机构则只能在将来接受这些结果。早期合作者可能也有机会紧紧抓住新合作伙伴和新生态系统，进而获得互补优势。

在本书第 2 章“全速前进”中，我们研究了区块链有多大的潜力可以消除阻碍企业发展和限制创新的摩擦。[1] 我们确定了九种对当今企业形成挑战的摩擦（见图 6.3），并分析了区块链可能带来的影响。本次调研则着重询问了医疗保健行业高管对这些摩擦的看法。

大量的医疗数据已经实现数字化，却未能得到共享，原因在于数据共享相关法规众多，且存在诸多风险。理所当然地，开拓者认为区块链对消除这些摩擦具有重大意义，尤其是我们所说的信息摩擦——信息不完善、信息风险和信息无法访问。他们认为区块链还带来了一个重要机遇，可以帮助进入曾无法接近的市场（见图 6.4）。

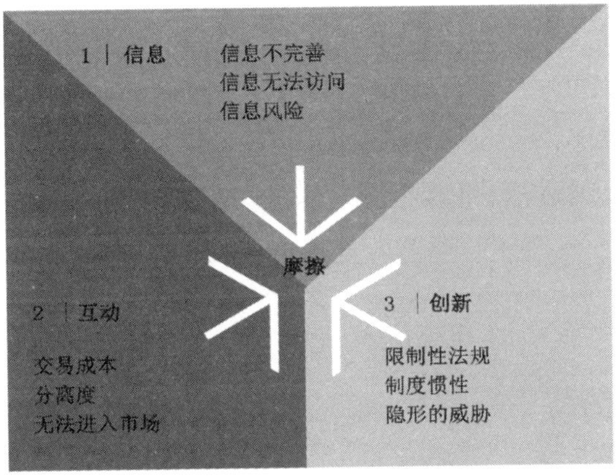

图 6.3　摩擦框架：区块链预计能大幅减少九种摩擦

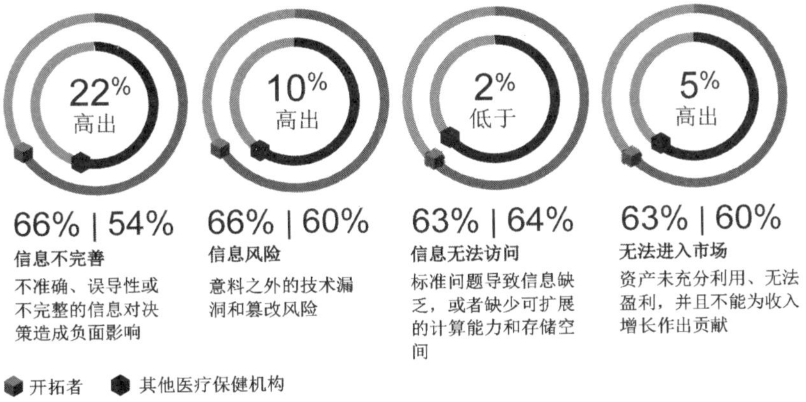

图 6.4　开拓者认为区块链可以最有效消除的几大摩擦

这三种信息摩擦共同作用，阻碍了医疗保健业开展有意义的协调与合作。隐私问题和网络攻击普遍存在，导致信息安全无法得到保障，并限制了信息共享。互操作性标准缺失则进一步阻碍了信息交换和信息可访问性。此外，即使数据实现共享，也通常令人无法信任，部分原因是数据不完善，或因包含手动重新输入数据而导致的错误。而验证数据则会导致成本攀升，延迟加剧。为增加数据可信性而设立的中介机构和交易所也成为了绊脚石。

60% 的开拓者还希望利用区块链开拓新市场。支付者和提供者之间日益模糊的界限有可能被彻底打破。超越地理距离限制的新服务也有望实现。在所有医疗保健行业受访者中，包括支付者和提供者，大多数人（尤其是开拓者群体）认为区块链有利于消除信息摩擦，但也有一些人持有不同观点。提供者认为区块链提供了一个进入新市场的契机，而支付者则认为区块链有利于抵御隐形的威胁，包括难以预测的新竞争对手和新业务模式（见图 6.5）。

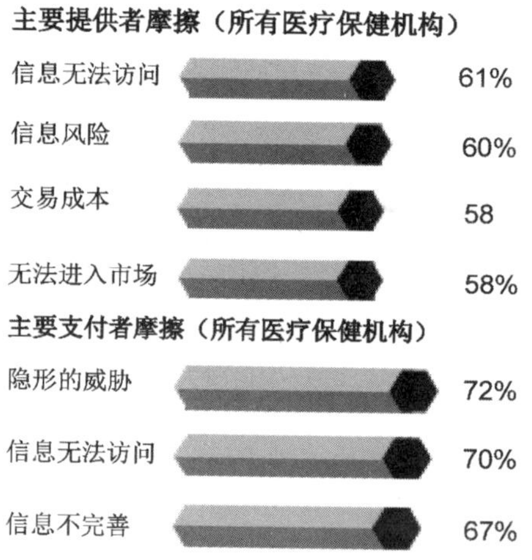

来源：如果在您当前的业务环境中部署区块链，那么以下挑战将会减少至什么程度？预计每种摩擦均会出现适度或显著减少的受访者比例。

图 6.5 摩擦大幅减弱：提供者和支付者持有不同观点

个体组织在未来几年如何应对区块链机遇？这取决于他们的处境、能力和志向。与具有转型潜力的任何新技术一样，区块链没有普遍适用的方法。然而，准备立即进入该市场的开拓者的计划、优先任务和投资却为我们指明了发展方向。

3　机遇探索者：新收益和新业务模式

到目前为止，与其他行业的机构一样，大多数医疗保健组织也认为，区块链可以显著降低与运营相关的时间、成本和风险。我们要求医疗保健业高管在九个核心业务领域衡量时间、成本和风险方面的收益，并分析他们的回答，以便计算出每个领域的总分。我们的分析得出了一致的结论：区块链的收益是令人信服的，可以在医疗保健业的每个方面发挥作用。

随着各个组织不断采用商用区块链解决方案，我们希望他们能够更清晰全面地预测潜在收益。超过 70% 的开拓者认为区块链将会在以下三个领域带来最高收益：临床试验记录、监管合规性（见“监管——简单的审计跟踪”）和 医疗 / 健康记录（见图 6.6）。

监管——简单的审计跟踪

在很多行业中，区块链被广泛视为一个有助于实现监管合规性 的卓越平台，所以各个行业均建立了可即时验证的、可信的审计跟踪。这意味着区块链不仅可以跟踪合规性情况，还可以简化执行流程，并从一开始就阻止不良行为。

由区块链支持的智能合约可以确保相关方能够在不合规事件发生时就收到通知，而不是依赖于定期现场检查。简而言之，区块链建立了一个被允许自动实施隐私法规的平台；经由智能合约嵌入的规则可以标明各方可以在何时查看什么内容。此外，由于数据和交易已经移至或连接到区块链中，广大组织可以跟踪有哪些人员共享了数据，以及与谁进行了共享，同时并不会透漏数据本身。

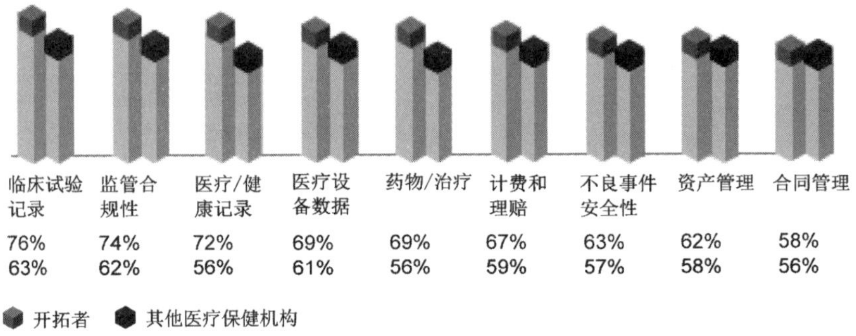

图 6.6　重大影响：区块链对时间、成本和风险具有重大影响

新业务模式帮助恢复信任

如果数据可信且受到保护，那么各个组织便可顺利开展合作。区块链可以替代中介机构（原本负责保护数据的机构）来执行这些任务。小型组织可以加入生态系统，应对大型竞争对手的威胁。私营领域的参与者可以访问新数据源，源于个人设备的健康数据流和家庭护理人员所收集的数据均不例外，并且甚至可以创建新数据源。

相较于目前为止我们调查的其他行业，更多的医疗保健行业开拓者认为未来几年将会出现大量创新机遇。超过 70% 的开拓者表示，在我们调查的九个领域中，有六个领域将会出现重大的业务模式创新（见图 6.7）。

他们最关注的选项是临床试验记录，其次为医疗设备数据集成、监

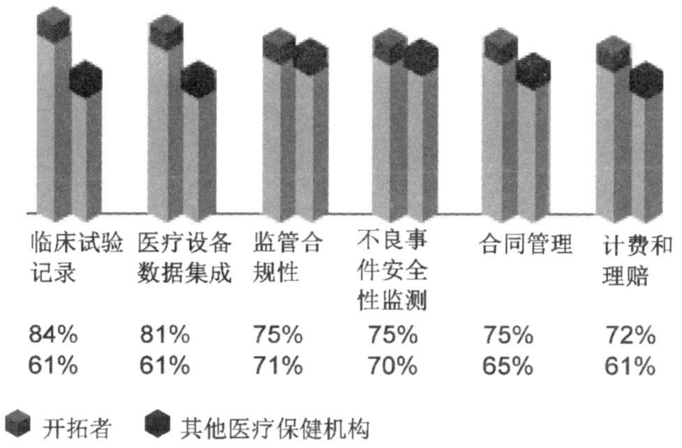

图 6.7　创新无处不在：开拓者最主要的由区块链支持的业务模式

管合规性、不良事件安全性监测 / 报告、合同管理以及计费和理赔管理。虽然其中一些领域的收益（如计费和理赔）主要体现在效率方面，但与患者开展合作的新机遇正在不断改变这种业务模式（见“计费和理赔——不足为奇”）。

计费和理赔——不足为奇

PokitDok、Capital One 和 Gem 提出了一种新颖的方法[2]，推出了一种由区块链支持的平台，旨在帮助患者在选择提供者或接受治疗之前，提前确定自付费用金额。这种平台还可以帮助提供预付款选项以及其他以患者为中心的服务。患者可以避免意料之外的成本，而医疗机构也可以减少未收款项。

帮助提供更优质的护理

我们的受访者明确了四个领域，他们认为在这四个领域中，区块链所带来的新业务模式或效率显著提升会有助于改善医疗服务质量。四个领域分别是：医疗 / 健康记录、医疗设备数据集成、不良事件安全性监测以及临床试验记录。 区块链可以应用于每个领域。我们认为，随着时间推移，用于连接这些领域并集成相关数据的区块链将会产生更深远的影响。

医疗健康记录——数据隔离的代价

可共享、安全的电子健康记录（EHR）的价值是显而易见的。据 Premier 医疗保健联盟称，仅在美国范围内，跨组织数据共享在五年内便可为各大医院节省 930 亿美元。[3] 72% 的开拓者认为由区块链支持的医疗记录将会产生巨大影响（见图 6.6）。

在医疗保健行业中，共享医疗记录也主要依赖于通用性和互操作性身份管理，这一点与其他行业类似。与数据所有权相关的监管条例和法律法规相互冲突，这带来了诸多全新挑战。此外，各个组织还需要持续强调改造遗留系统以及投资现有电子健康记录。区块链不需要组织放弃当前数据库，而是会对当前数据库进行集成。数据记录可以存储在“链外”，然后连接至区块链技术。换言之，您可以从当前流程中提取数据，用于创建事实的单一版本。

一些与身份管理和电子健康记录相关的用例、概念验证和试点项目正在进行中（见“区块链国家”）。其中一些项目（诸如 IBM 正在开展的项目）采取了以患者为中心的方法。[4] 数据控制权掌握在个人手中，他们可以跨机构访问记录，查看自己的完整健康历史记录，并规定哪些医生可以查看哪些记录。经患者同意后，匿名化的汇总数据便可提供给研究人员和其他组织，帮助他们从总体人口健康数据中获益。

区块链国家

爱沙尼亚被认为是在政府和公民服务方面，对区块链投入和应用力度最大的国家。在该国，所有医疗健康记录都采用在线存储方式。尽管如此，在该国，区块链技术尚未得到全面普及。2016 年，爱沙尼亚宣布启动基于区块链的医疗记录安全项目，旨在为个人和机构提供实时可视性。专家们警告称，由于隐私性、安全性和监管障碍数量庞大，即使在爱沙尼亚这个广大公民拥有唯一 ID 的国家，开展基于区块链的医疗记录项目仍需要花费大量时间。[5]

医疗设备数据——不再“虚幻”

如果医疗记录是变革的核心，那么来自医疗设备的数据可能就是下一个需要解决的难题。

在医疗保健业中，仅 10% 的数据包含临床因素，而 60% 的数据都包含外部因素或临床环境之外的因素，例如，营养状况和家庭监测。[6] 80% 的开拓者着重关注后者，那就是利用可从医疗设备收集的数据，创建全新的业务模式（见图 6.7）。

虽然可穿戴设备为跟踪个人健康状况而收集的大量数据不断传输至云端和我们的智能手机中，却很少传递到医生手中。大多数“患者生成的健康数据”（PGHD）都无处可寻，有时甚至连患者本人都无法获取这些数据。通常，这些由家用设备生成并传输给医生的数据也并未得到存储。尽管面临诸多挑战，但区块链支持的设备数据仍然引起了企业家的兴趣（见“设备数据之家”）。

设备数据之家

总部位于瑞士的 Healthbank 只是将患者生成的健康数据与更多传统医疗信息进行集成的众多组织之一。Healthbank 区块链可以从可穿戴设备和其他设备中提取数据，例如，睡眠模式、血糖水平和心率，也可以从医生诊断、医疗记录和医疗设备提取相关信息，并且可以存储这些数据和信息。

在将设备数据从边缘移至中心之前，需要清除大量的障碍。与医疗记录一样，要想利用和信赖这些数据，就需要进行完善统一的身份管理，包括设备身份管理。与美国一样，欧洲的法规也要求设立唯一的设备识别系统。[8] 在数据不太精准的情况下，当计算步骤或设备的故障次数时，组织就需要建立新协议和新算法，以将良好数据与不良数据隔离开来。

不良事件——更具包容性的方法

利用区块链从家用设备、可穿戴设备或家庭保健提供者处获取患者提供的治疗效果相关信息，是拓宽不良事件安全性监测范围的一种途径。目前，不足五分之一的医院定期将患者报告的治疗效果相关数据融入护理流程中，或纳入治疗决策中。即使有兴趣采取这种做法，开展统计意义有效的患者报告结果测量（PROM）不仅需要花费高昂成本，还会耗用大量时间。[9] 在这种情况下，减少所需人力资源的方法就是获得大量可信数据。横跨多家机构的、可互操作的区块链可能是聚合可信数据的最佳平台。

目前来看，为维持安全性，组织需要关注两个关键领域：建立药物一致性流程，以及打击假冒药品。药物一致性流程容易出现人为失误，十分耗时，且常会出现重复情况，因为每个提供者在每次诊断时都会收集大量相同的信息。在区块链上，数据可以即时更新，且可以广泛共享（包括与药店进行共享）。在打击假冒药品方面，区块链还可以帮助保护患者权益（见“药品信任”）。

药品信任

基于来源的区块链可横跨整个供应链，跟踪药品的制造和分销信息，从而确保药品得到适当存储和处理，并阻止假冒药品进入市场。英国的 Blockverify 是开展药品来源试点项目的组织之一，支持医疗专业人员和消费者通过扫描药品来验证真伪。[10]

临床试验记录——恢复信任

无论对受访者的回答如何进行分类，临床试验管理都十分醒目。这是唯一一个得到双重认可的领域，也就是说，不仅开拓者和所有其他受访医疗保健组织认为这是三大最受益领域之一，连提供者和支付者也持有相同观点（见图 6.6）。此外，这个领域在新业务模式中也跃居首位（见图 6.7）。

尽管法规条例强制要求开放临床试验方案以及在试验中捕获的数据，人们仍然难以获取和分析这些信息。最近，信任危机已经成为不争的事实。根据近期启动的一项临床试验监控项目 COMPare 的结果，在 67 例研究试验中，仅 9 例（13%）正确地报告了试验结果。[11] 显然，如果临床试验出现错误或受到阻碍，那么患者治疗效果就会大打折扣，在这种情况下，后果将由所有参与方共同承担。

部署可以捕获临床试验所有历史记录的区块链，将有助于恢复人们对科学的信任。值得注意的是，试验方案（通常会在方案制定完成后记录在案并添加时间戳记）可能会暴露“篡改治疗效果”不良行为，而这种行为可能会导致所报告的数据被视为噪音，而非真实的治疗效果。保持所有数据的透明性，可以防止相关人员试图有选择性地报告治疗效果。此外，尽管数据透明可见，但区块链将可以确保实时记录试验方案，验证其真实性，而且不会在公开发布试验方案之前将其泄露给竞争对手。

如果临床试验连接到了区块链，并且信任度得到更好的保证，那么可能会出现哪些新业务模式？在临床试验结束很久之后，能否将源于试验的数据与患者治疗结果相结合，这是否可以提供真正全面的治疗效果信息？能否支持更多医生利用临床试验数据来提出更加个性化的治疗方案？在梅奥诊所，医生们已经开始使用认知分析来探究临床试验，以提供个性化的治疗方案。[12] 可互操作的、区块链上的临床试验记录将会增加可用的可信数据量。

4　不断变化的利润池：发展和颠覆的新方向

医疗保健组织采用区块链技术的速度不仅超出了大多数人的预期，而且他们还进行了广泛投资。90% 的医疗保健组织计划在 2018 年之前，在我们调查的每个领域中投资开发区块链应用（见图 6.8）。

虽然医疗保健组织十分关注业务模式创新，但只有不足 10% 的组织认为会出现巨大变革。在某种程度上，这可能是因为某些领域（如电子健康记录）可能需要花费更多时间来清除监管障碍。在一些司法管辖区中，患者无法“掌握”自己的数据，这种情况阻碍了我们所提倡的患者中心型模式的普及。

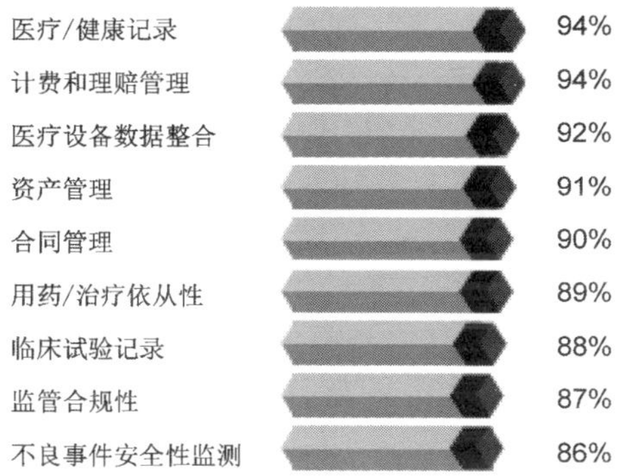

图 6.8　观点高度一致：医疗保健行业 2018 年投资计划

但是，超过 60% 的医疗健康组织认为以下两个领域将会出现重大变化：医疗设备数据整合和资产管理（见图 6.9）。提供者和支付者也一致认为，这两个领域最有可能出现一定程度的颠覆性变革。

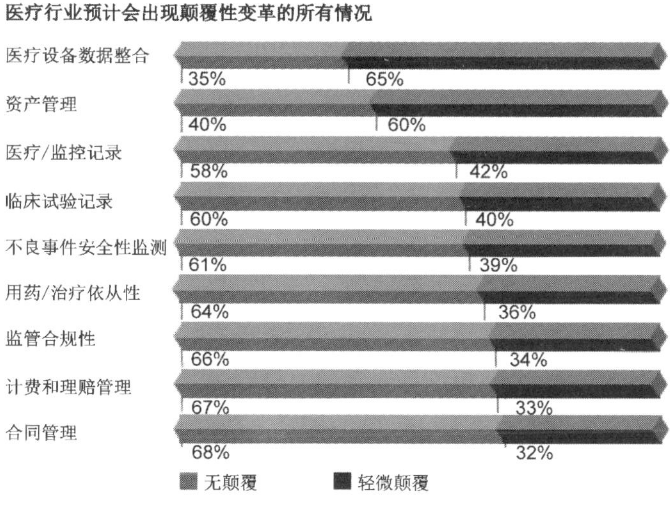

图 6.9　自满情绪，还是普遍观点：医疗保健组织认为不会出现颠覆性变革

毫无疑问，随着可穿戴设备的不断增多，以及人们对健康的关注程度日益提高，企业将会开展创新，同时颠覆性变革也会随之而来。与物联网（IoT）相连的医疗设备可以将更多医疗服务从医院转移至家庭中。据预测，到 2019 年，可穿戴生物体征检测移动设备用户将会达到 55 亿人。[13] 随着人口老龄化加剧，预算紧张的政府和组织可能会更喜欢采用全新的方法。

资产管理是区块链不可否认的卓越功能，这种功能可以降低医疗机构供应链（也是这类机构的最大成本支出领域）的复杂性和成本。但是，这是否会颠覆现状？现在，价值数百万美元的机器为广大机构带来了显著的优势和收入。想象一下，如果这些机器成为共享经济的一部分，那么医生就无需让您转去其他组织进行核磁共振诊断，而您自己或者这些组织就可以竞相寻求成本最低的可用设施。

行业颠覆性变革并非指单个流程的转型。相反，颠覆性变革会在初创企业和机构重新审视各种领域界限时爆发，例如支付者和提供者之间的界限（见“假设情景”）。

假设情景

值得信赖的点到点医疗保健网络争夺按需服务

市场

执业医生提供的 RFP（提议请求）服务是否会导致一些专业服务“优步化”？由区块链支持的资格认证和绩效合同将对树立分散服务和医疗服务可信度大有裨益。

患者重新掌握自己的数据

在区块链的支持下，患者能否重新掌握自身数据，从而致使临床研究人员和医疗人员竞相访问人口健康数据?

分散式联盟日益盛行

如果我们可以有效地共享资产，包括价值数百万美元的机器、医疗健康记录和患者提供的治疗结果，那么监管部门的价值何在? 医院的建筑和病床不会消失，那么由区块链支持的资格认证流程是否能够释放医护人员以及医院资产?

在区块链平台上，曾具有纵向一体化特征的机构可以通过合作伙伴，实现横向扩展。由于信任感日益增强，且每次交易都十分可信，曾为增加信任度而存在第三方代理机构便失去了存在的意义。有些人预计，目前的健康数据交换中心将会遭到淘汰，这样一来，小型组织的参与成本和门槛便会随之降低。[14]

考虑区块链带来的颠覆性影响，人们自然会想到直接的点到点模式和以患者为中心的模式。有些人认为，虽然存在无限可能，但大量的法律法规会提供一层保护网，遏制创新模式发展，阻止彻底颠覆现状。有些人会选择逃避最棘手的挑战，而有些人则会直面挑战，勇往直前。现在预测区块链会对医疗保健行业带来何种影响还为时过早。但是，六分之一的受访组织表示会在 2017 年冒险一试，这些勇敢的开拓者值得我们期待。

5 建议

我们应该以多快的速度发展？

60% 的组织已经开始采用区块链。这些开拓者设定了发展速度，并指明了前进方向，从而获得早期优势。大规模采用者可以研究开拓者所获得的经验教训，但是他们应该尽快做好准备，开始实际应用。

56% 的受访企业仍将“技术不成熟”视为一种障碍（见图 6.10），70% 的受访企业提到需要采用健全的机制来建立身份管理和高度的访问控制。Linux 基金会的开源技术项目 Hyperledger 致力于将身份识别和权限管理作为区块链发展的核心。[15]

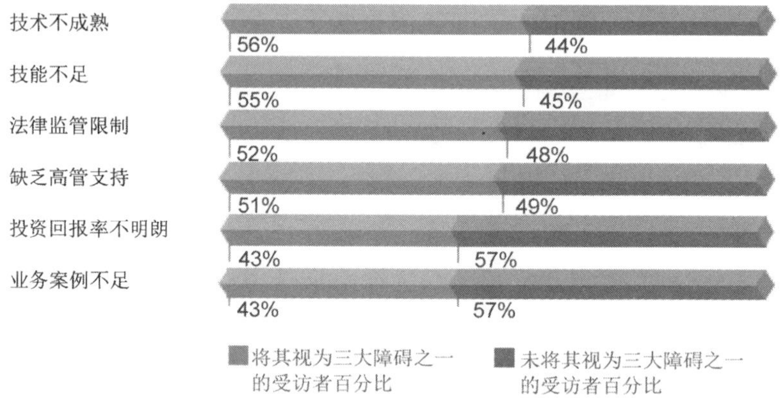

来源：为了在组织中实施区块链，您的公司需要克服哪三大障碍？请选择您所面临的三大障碍。

图 6.10 部署障碍：医疗保健组织采用区块链的障碍

"Hyperledger Healthcare 工作组成员致力于为区块链创新制定必要的技术标准。"

——John Bass，Hashed Health 创始人兼首席执行官

Hyperledger Healthcare（HLHC）工作组成立于 2016 年 10 月，成员包括 Accenture、Gem、Hashed Health、IBM 和 Kaiser Permanente。[16] 最初，该工作组的工作侧重于建立注册、互操作性和身份认知流程。HLHC 工作组通过不断推广区块链的互操作性，希望确保区块链平台可以随环境变化而发展。

我们能否制定全网标准？

开拓者已经在开发需要扩展的新业务和技术标准。大规模采用者应当加入开拓者的行列，开始建立强大的合作关系，包括加入正在建立业务标准的联盟。

技术标准可以通过 Hyperledger 等项目建立。但是，关于核心健康问题（如患者隐私和安全）的标准则通常由监管机构制定。52% 的受访者担心监管限制可能会阻碍区块链的采用（见图 6.10）。但是，由于区块链可以帮助更轻松地执行监管法规，监管机构有充分的理由与医疗保健机构开展合作。

我们是否可以扩展全新的收入模式？

联盟为更好地了解区块链收益奠定了基础，而许多医疗保健组织也已经意识到，加强与一些主要合作伙伴的合作对创新业务模式而言非常

必要。

虽然对于区块链带来颠覆性变革的前景，受访组织表现得相对自满，但着眼于颠覆性变革的医疗机构应密切关注以下问题：区块链不断席卷公私两大领域，并且全新的生态系统正在萌生。以患者为中心的共享数据平台可以帮助提高医疗服务质量。在 IoT、认知分析等技术以及区块链的多重作用下，全新的远程医疗护理或按需服务已经成为可能。

调研团队

Sean Hogan，全球行业医疗健康与生命科学领域总经理，行业研究院成员

Heather Fraser，IBM 商业价值研究院，全球医疗保健和生命科学领域领导者

Peter Korsten，IBM 全球企业咨询服务部，全球思想领导力和卓越计划，副总裁

Veena Pureswaran，IBM 商业价值研究院，区块链研究主管

Ramesh Gopinath，区块链解决方案和研究副总裁

合作者

调研团队感谢以下人员对本报告作出的贡献：Nicky S. Hekster、Srinivas Attili、Susheel K. Ladwa、Anthony F. Trenkle、Richard Hennessy 、Don Ness 、April Harris 、Christine Kinser 、Joni McDonald 、Smitha Soman 、Anne-Marie Weber 、Kristin Biron 和 Lauren White。

注释和来源

1 Jerry Cuomo、Shanker Ramamurthy 和 James Wallis 等著，“全速前进：随着区块链，重新思考企业、生态系统和经济模式”，IBM 商业价值研究院，2016 年 6 月。www.ibm.biz/blockchainstudy

2 Mukherjee, Sy. “Capital One Is Trying to Bring the Blockchain to Health Care.” Fortune. October 25,2016. http://fortune.com/2016/10/25/capital-one-blockchain-healthcare/

3 Monegain, Bernie. “Data-sharing initiative reduces deaths.” Healthcare IT News.March 19, 2013. http://www.healthcareitnews.com/news/data-sharing-initiative-reduces-deaths

4 IBM's winning proposal of blockchain healthcare use cases at NIST-ONC chall enge,IBM Watson Health,IBM global Services Public Sector Team. “Blockchain: The chain of trust and its potential to transform healthcare-IBM's point of view.” 2016. https://www.healthit.gov/sites/default/files/8-31-blockchain-ibm_ideation-challenge_aug8.pdf

5 IBM analysis 2016. Adapted from McGovern，Laura、George Miller, and Paul Hughes-Cromwick. “The Relative Contribution of Multiple Determinants to Health Outcomes.” Project HOPE. 2014.

6 Redman, Jamie. “Estonian Health Records to Be Secured by Blockchain.” Bitcoin.com. March 2016. https://news.bitcoin.com/estonian-health-records-secured-by-blockchain/

7 Nichol, Peter B. “Blockchain applications for healthcare.” CIO magazine. Ma rch 17 2016. http://www.cio.com/article/3042603/innovation/blockchain-

applications-for-healthcare.html

8 Boumans, Ronald and Eisenhart, Stewart. "Preparing For The New EU Medical D evice Regulations-A Eudamed Sneak Peek." Med Device Online. March 29, 2016. http://www.meddeviceonline.com/doc/preparing-for-the-new-eu-medical-device-regulations-a-eudamed-sneak-peek-0001?sectionCode=Articles&templateCode=Single&vm_tId=1887094%22

9 Bresnick, Jennifer. "Exploring the Use of Blockchain for EHRs, Healthcare Big Data." Health IT Analytics. http://healthitanalytics.com/features/exploring-the-use-of-blockchain-for-ehrs-healthcare-big-data

10 Reutzel, Bailey. "Physicians Say Blockchain Healthcare Ideas in Need of Exam." October 22, 2016. http://www.coindesk.com/physicians-say-blockchain-healthcare-ideas-need-exam/

11 Goldacre B., H. Drysdale, A. Powell-Smith, et al. "The COMPare Trials Project" . 2016. http://www.compare-trials.org

12 Olavsrud, Thor. "Mayo Clinic Turns to IBM's Watson to Fill Clinical Trials." CIO. September 2014. http://www.cio.com/article/2603602/healthcare/mayo-clinic-turns-to-ibms-watson-to-fill-clinical-trials.html

13 "Trends in Aging:Wearable Tech and Sensors for Seniors." Health Standards. September 18, 2014. http://healthstandards.com/blog/2014/09/18/trends-aging-wearable-tech/

14 Nichol, Peter B. "The next generation of Health IT:Blockchain applications for healthcare." CIO magazine. March 17, 2016. http://www.cio.com/article/3042603/innovation/blockchain-applications-for-healthcare.html

15 查看超级账本项目成员组织列表，请访问：https://www.hyperledger.

org/about/members

16 George, Ray. "Hyperledger Announces the Hyperledger Healthcare Working Group." Hyperledger 博客。October 3,2016. https://www.hyperledger.org/blog/2016/10/03/hyperledger-announces-the-hyperledger-healthcare-working-group

第 7 章

建立政府公信力

——探索区块链的潜在价值

调研团队：Jerry Cuomo, Richard Nash, Veena Pureswaran,

Alan Thurlow, Dave Zaharchuk

建立信任

世界各地的政府机构都渴望消除阻碍发展的官僚主义作风。经济停滞和人口老龄化带来的预算压力严重制约了资源，其中包括获取和分析数据以创造更大经济价值的能力。区块链技术能够促进机构和个人之间安全共享数据，从而帮助缓解这些方面的压力。我们近期的区块链调研结果表明，一些政府机构正在采用区块链技术，减少阻碍创新和信息的摩擦，促进更广泛的合作。

1　执行摘要

我们近期开展的区块链研究结果表明，全球各地的政府机构都在探索区块链的用例，希望对所在的司法管辖区产生影响。在《经济学人》智库的支持下，IBM 商业价值研究院对 16 个国家或地区的 200 位政府机构领导进行了调研，了解他们在区块链技术方面的体验和期望。

我们的研究表明，政府机构正在研究区块链技术如何在许多领域对运营产生积极影响（见图 7.1）。例如，90% 的政府机构计划在 2018 年之前投资区块链技术，将其用于财务事务管理、资产管理、合同管理以及合规管理。70% 的政府机构高管预测，区块链技术将对合同管理领域产生颠覆性影响，而这一领域通常是公共机构和私营组织的交汇点。

虽然几乎所有参与调研的政府机构都计划在 2018 年之前投资区块链，但我们发现了一小部分先驱者，他们正快步前进，为区块链设定新方向。这些开拓者（占调研受访者的 14%）期望在 2017 年将区块链大规模应用于实际生产环境。他们优先选择采用区块链技术，帮助减少创新障碍以及组织中的不准确或不完整的信息。

开拓者重点在以下四个领域运用区块链技术，以帮助缩短时间、降低成本和缓解风险：合规管理、合同管理、身份管理以及市民服务。此外，他们希望区块链能够帮助实现新的业务模式，特别是在合同管理、财务事务管理和身份管理方面。这些调研结果表明，区块链技术的采用比原先预计得更快，政府机构的领导者已确定了要探索的关键领域和优势。

在本报告中，我们分享了关于区块链解决方案市场采用情况的关键洞察。我们还探讨了早期采用者，即开拓者，如何使自己独树一帜，以及其他政府组织如何从区块链探索中受益。

14%的政府机构，也就是开拓者，希望在2017年将区块链大规模应用于实际生产环境。

70%的政府机构高管希望区块链技术能够在合规管理领域帮助最大程度地降低成本、缩短时间和缓解风险。

90%的政府机构高管计划在2018年之前投资区块链技术，将其用于财务事务管理、资产管理、合同管理以及合规管理。

图 7.1　政府机构正在研究区块链技术如何在许多领域对运营产生积极影响

2　先行者：开拓者制定游戏规则，指引发展方向

无论哪个行业中的组织，如果失去受众的信任，势必将付出高昂的代价。如其他机构一样，如果信任足够强大，政府实体就能够更高效地发挥自身职能。但是政府组织的另一项独特职责是，制定法律、法规以及提供服务，从而维系一个充满信任的环境，让公民享受繁荣发展的成果，同时确保经济持续增长。

为了建立信任，大多数政府机构都在尽最大努力提高开放性和透明度并改进协作能力。但他们常常无法实现自己的目标。区块链是支持分布式总账的基础技术，能够提供一种提升透明度和协作能力的新方法。

当资产在区块链上注册，或者交易在区块链上记录之后，对透明度的要求和隐私权就不会出现矛盾。在区块链之上，数据可以实现广泛无缝的共享，在需要时也可以进行匿名共享。加盖时间戳记的交易可以进

行接近实时的验证，而不是事后很久才进行验证，这样有助于预防欺诈行为的发生。随着透明度进一步提升，实现信任的可能性也越来越大。

现在，区块链商业应用还屈指可数。但令我们惊讶的是，14% 的受访政府机构希望在 2017 年将区块链大规模应用于实际生产环境（见图 7.2）。我们将这组受访者称为开拓者。

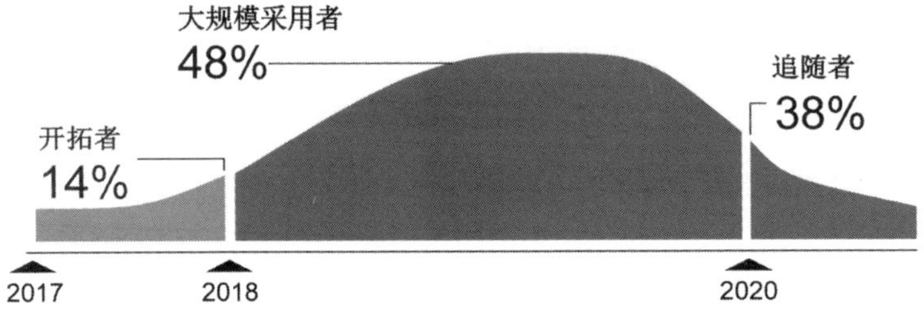

图 7.2　最早部署时间：受访者预计在生产环境中大规模部署区块链的时间

亚太和西欧的受访政府机构正在积极制定采用计划。与其他地区的政府机构相比，这些组织在开拓者的队伍中占有很大比例。北美落后于其他所有地区，这在一定程度上反映出美国在联邦和州层面协调区块链的应用方面存在较高的复杂性。

开拓者的早期投资表明哪些应用可能会首先进入市场。截至 2016 年末，有近一半开拓者已经或者即将投资于以下三个领域：资产管理、身份管理与合规管理（见图 7.3）。每一种应用都奠定了某方面的基础：身份管理确定谁在区块链上进行交易，谁有权访问该交易；资产管理记录了正在交易或转让的内容，是一系列范围广泛的增强型市民服务的基础；合规管理的作用是衔接公共和私营机构的工作，将规则嵌入区块链，从而使其自动遵守法律和法规要求。

对于政府机构而言，尽早与私营机构就合规管理进行合作并对法规

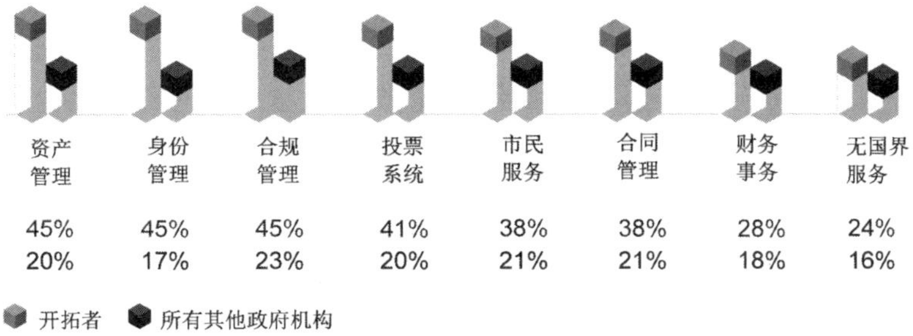

图 7.3　2016 年开拓者投资预计

提出修改建议，将最终成为 所有 行业中区块链采用速度的决定性因素。

3　机遇探索者：开拓者为关键业务领域划分优先级

我们邀请政府高管衡量机构中九大核心领域的时间、成本和风险效益，并分析他们的回答，以便计算每个业务领域的总分。90% 的开拓者确定了四个他们认为会获得最高总分的领域：市民服务、合规管理、身份管理及合同管理（见图 7.4）。70% 的受访政府机构将关注重点放在这些相同的领域。

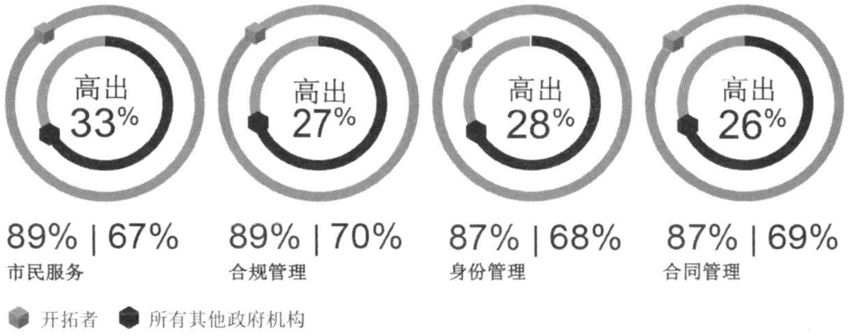

图 7.4　重大影响：区块链有助于缩短时间、降低成本和缓解风险

调研中包含的九大领域可分为两大类：1）旨在提高运营效率并大大降低风险的流程；2）旨在支持无缝化个性化公共服务的领域。

降低风险

合同管理、财务事务管理以及合规管理

尽管做了大量现代化工作，但合同管理、财务事务管理以及合规管理的常规流程仍然主要依靠纸质文档，成本高昂而且非常复杂，存在严重的出错和欺诈风险。开拓者希望区块链为这些领域带来显著的效益，特别是在缓解合同管理与合规管理风险方面（见图 7.4）。

90% 的开拓者认为区块链技术可以帮助合规管理缩短时间、降低成本和缓解风险。北美地区的政府机构特别关注这些应用，他们认为合规管理是区块链带来的最重要的效益。区块链建立了不变而透明的审计跟踪，能够确保及时性，并控制管理合同以及实施法规所需的成本，但它们也可能会使新方法面临风险。

目前，监管者需要了解合规情况，但这主要通过现场检查来实现。如果供应商一直未遵守合同条款而未被发现，等到检查发现时就一切都太晚了。通过获得更完整、更可信的数据，政府机构就能够更明智地确定需要重点关注的领域。未来，区块链将会成为"信誉体系"。因为区块链可以捕捉组织的生命周期历史记录，所以有助于确定该组织是否值得信赖。此外，由于具备快速检测欺诈活动的能力，区块链有可能完全阻止大规模的欺诈行为。

通过与私营机构合作，政府机构正在审查涉及多个领域中法规的应用。通过与数字身份应用结合，区块链可以促进金融行业遵守"了解你的客户（KYC）"和反洗钱（AML）法规。基于区块链技术的供应链有助于确保遵守进出口法规和关税规定，以及安全和防伪措施。

许多政府组织已在使用区块链技术跟踪食品来源，覆盖从农场到餐桌的整条供应链。例如，澳大利亚正在区块链上跟踪谷物供应，印度尼西亚的一个试点计划对合法捕捞的鱼类进行了成功的跟踪。[1]

消费者、业务伙伴及政府团体可以确切了解产品的制造流程，保证这些产品的制造未使用童工并遵守环保法规。

安全无缝的服务

身份管理、访问管理、市民服务、无国界服务和电子投票

据估计，全球有 15 亿人没有合法身份或出生证明。[2] 这些人无法开设银行账户、拥有财产或者获得政府服务，许多人无法充分参与经济活动，无法创造财富。[3] 区块链可以安全地编辑、交叉引用和验证多个数据源、事件和事务，可以在无法进行传统的身份证明时建立和验证个人的身份。

美国邮政署和国土安全部正研究区块链在建立安全身份管理方面的潜在能力。[4] 据开拓者预计，区块链技术将在身份管理方面产生显著的效益（见图 7.4）。开拓者还认为市民服务是区块链应用效益的高产领域。事实上，包括投票、税费征收和土地登记在内的许多市民服务高度依赖身份管理，如果没有区块链技术，这些服务可能无法大规模推广。同样，当引入了由区块链支持的资产管理后，无缝、安全的新服务的范围就能够得以显著扩大。

因为区块链上交易的参与者可以访问相同的记录，所以不需要第三方中介来验证交易或者核实身份和所有权。营业执照、产权、车辆登记和其他记录都可以转移到区块链上，这样广大民众就无需律师、公证人的帮助，也不必到政府办公机构去办理相关手续，就可以证明交易的合法性。

在特拉华州，政府目前计划测试在区块链上进行公司注册、股票跟踪和股东通信（包括代理投票）的可行性。[5] 其他一些机构也正在探索如何利用区块链技术促进无国界服务，比如跨国界注册公司或者为跨省 / 州开展税费征收提供便利。[6]

基于区块链技术的投票活动的可行性是一些政府机构最先开始探索的领域之一。2014 年，丹麦的政党“自由联盟”测试了内部的投票系统。澳大利亚邮政是政府拥有的邮政服务机构，它提出了一个公民投票计划，从小规模开始，首先将公司和社区选举作为试验田，为今后推广到议会选举打下基础。[7]

伊利诺伊州制定探索区块链创新的计划 [8]

在伊利诺伊州，州和县政府机构联合建立了“伊利诺伊州区块链计划”协会。目的是创建友好的监管环境，以供企业运营，并建立一个公共 / 私有机构合作平台，用于开发政府可使用的区块链应用原型。库克县契约登记机构和该协会一样渴望采用区块链，他们希望自己能够成为美国第一家利用区块链技术进行产权转让登记的土地登记机构。

4 早期采用者：消除创新障碍

在本书第 2 章“全速前进”中，我们研究了区块链在消除制约发展和企业创新的摩擦方面所具有的潜力。[9] 我们确定了目前给企业带来挑战的九种摩擦，并分析了区块链可能具有的影响力（见图 7.5）。在本次调研中，我们征询了政府高管对这些摩擦的看法。

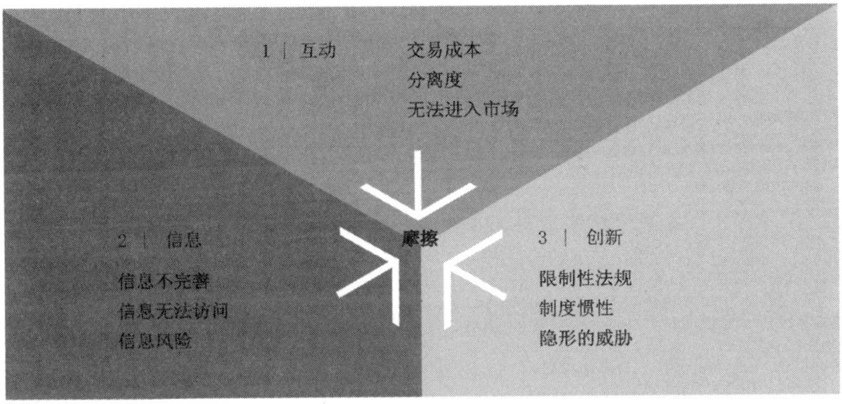

图 7.5 摩擦框架：区块链预计能大幅减少九种摩擦

我们发现，所有政府机构都希望区块链能够显著减少所确定的所有摩擦。然而开拓者的期望则别具一格。开拓者认为区块链技术将对那些被归为“创新”类的摩擦产生最大影响。

摩擦包括限制性法规——政府必须在部门和国界之间进行协调；制度惯性——过度官僚主义的表现；以及隐形的威胁——不仅包括新的危险，如网络安全，还包括难以预测的新业务模式的出现。信息不完善——定义为不准确或不完整的信息，以前的调研中引用过这一表述，将其作为创新的重大障碍，而在可能随着区块链更广泛的采用而逐步减少的摩擦类型中，这项排在首位（见图 7.6）。

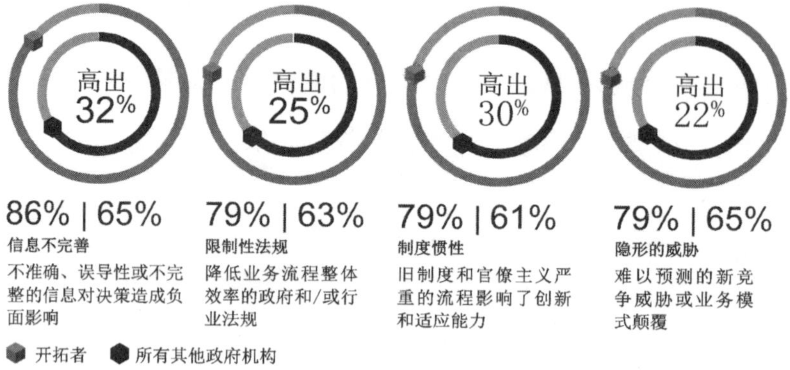

图 7.6 开拓者认为区块链可以最有效消除的摩擦

开拓者还评出了区块链支持全新业务模式表现最出色的三个领域。这分别是合同管理 、财务事务管理和身份管理（见图 7.7）。然而不同地理区域之间还存在着明显差异。西欧地区将财务事务管理列为支持新业务模式最出色的领域。北美地区的政府机构领导则认为无国界服务在业务模式转型方面潜力最大，而亚太地区政府机构领导认为市民服务能够实现最强劲的创新。

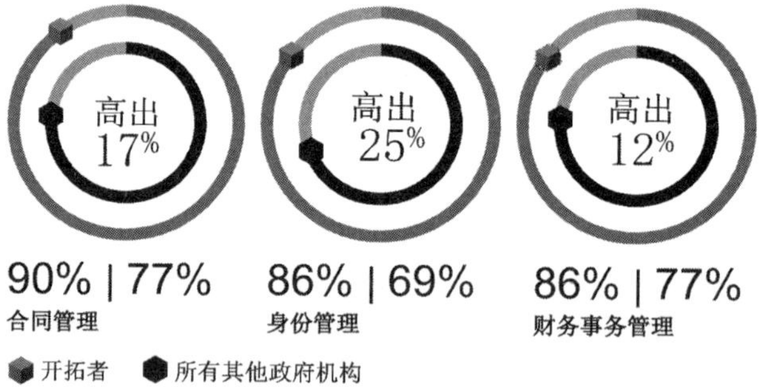

图 7.7 开拓者关于区块链支持全新业务模式的领域排名

合同管理：掌控绩效

基于区块链技术的合同管理可以采用全新的方法执行绩效管理。例如，能够更为即时地发现任何一方未满足截止时间要求或未能完成任务等问题。未来，在区块链上捕获的供应商历史信息可用于检验商家的信誉和可信度。

在区块链上进行合同管理能够实现理想的透明度，有助于提升绩效管理水平。例如，在垃圾管理领域，市民和企业可以在区块链平台上提出问题（例如，有垃圾未收集），然后平台就会自动通知垃圾清运者，而不需要通过市政官员提出要求。除了能够更及时有效地应对问题之外，这个流程还可以建立信誉系统，以可靠的方式跟踪供应商绩效。智能合约可以自动对历史上重复违规的分包商设立惩罚性条款。[10]

财务事务管理：完全问责

随着越来越多的政府实体遇到预算短缺问题，最大程度获得收入和减少欺诈就成为了优先事项。也许和我们的直觉相反，开拓者并没有将财务事务管理列入业务效益最突出的三大领域。但它确实在区块链支持的新商业模式中排在前三名。在通过实现透明度展望新的未来前景方面，开拓者比所有其他政府的可能性要高出 30%。

在 2015 年伦敦市长选举中，一位候选人认识到透明度的重要性，他承诺，如果自己当选，将会通过区块链管理伦敦市的财务系统，允许市民实时查看和审计每笔支出。[11] 向市民及其他部门保证负责任地使用资金，可以帮助政府逐步恢复公信力和树立负责任的形象。

身份管理：服务跳板

爱沙尼亚政府是世界上率先采用区块链技术的政府。该国政府实现跳跃式发展，采用基于身份的安全区块链服务。来自任何国家或地区的公民都可以申请由该国政府颁发的数字身份，由区块链提供安全保护。

实际上，他们可以申请爱沙尼亚的虚拟电子居留许可。作为“电子居民”，他们可以使用范围广泛的在线服务，包括办理银行业务，以及根据爱沙尼亚法律和法规注册并管理企业。[12]

在区块链上，公民可以轻松验证保存在政府数据库中有关自己的记录是否完整，并控制谁可以访问这些数据。这样的安全感使得开展新的数字服务（例如以电子方式报税）成为可能。来自公共和私营领域的其他组织正在从爱沙尼亚政府的实践中获得灵感。[13] 很快，爱沙尼亚的电子居民将首先参与纳斯达克的区块链股东投票试点。[14]

到目前为止，约有 1 万名爱沙尼亚电子居民正在利用他们自己国家或地区无法提供的各种基于身份的数字服务。[15] 像这样的跨国区块链服务可能是不同国家或地区之间新的竞争基础，他们都在寻求以更大的包容性促进经济发展。

在《比特币杂志》的一次采访中，电子居留项目总监 Kaspar Korjus 解释道：“在爱沙尼亚，我们相信人们应该能够自由选择最适合他们的数字 / 公共服务，无论他们出生在何处。实际的国家和虚拟的国家在国际市场上相互竞争，相互合作，相互促进，提供更好的治理服务，我们正是生活在这样一个令人兴奋的时代。”[16]

尽管专注于创新，但政府高管（包括来自开拓者组织的领导）并不特别担心区块链技术会带来颠覆性影响。仅有 35% 的受访政府机构预期会出现显著的颠覆性影响，而且只发生在一个领域，即合同管理（见图 7.8）。此外，60% 的受访政府机构预计无国界服务、资产管理和身份管理领域至少会出现一些颠覆性变化。

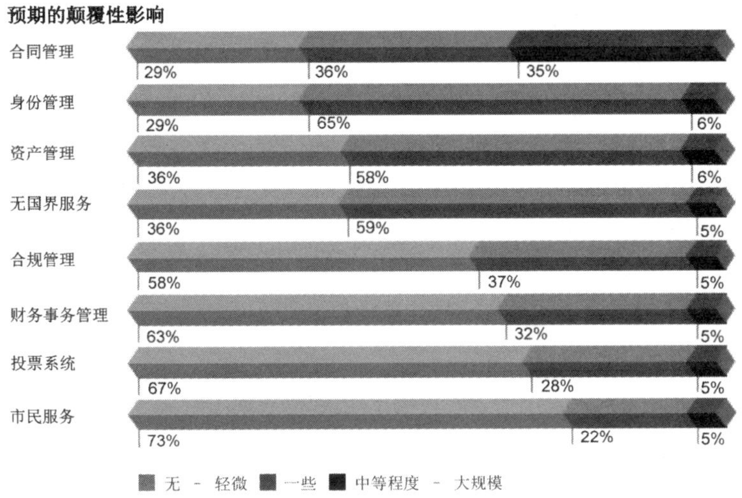

图 7.8　不担心：政府机构高管并不认为会出现显著的颠覆性影响

政府机构的态度是自我满足还是务实？颠覆性变革在官僚主义严重的机构中尤为罕见。几十年来，即便是互联网也没能彻底改变政府机构的运作方式。在大多数情况下，他们不会参与竞争。一些地区在吸引创业者和初创企业方面做得更好，但很少有政府机构会在个性化市民服务领域开展竞争。随着区块链技术的发展，这种状况可能会发生改变，促使市民和政府机构之间开展更加密切的合作。

如果区块链能够实现完全互动，就能够产生最大价值，并且可以打破旧流程，创建全新流程。这样，就有可能实现真正的无缝和个性化服务。所有这些互相连结的区块链中的数据将具有更高的安全性、可扩展性和可更新性。这些数据还可以进行汇总，成为“开放数据”的额外来源，许多政府机构都在向市民提供此类数据。

开放数据也就是政府实体向其选民提供的数据，通常每年只发布一次，作用包括：帮助市民在购买房屋之前评估附近的犯罪活动情况，为新零售商选择最佳位置或为农民记录土壤状况，等等。在区块链上，开放数据可以不断进行更新，并且可以包含市民直接提交的深入洞察。

开放数据可以说是政府最重要的资产之一。随着开放数据的社会价值不断增加，政府机构需要确保他们的数据易于访问，并以易于使用的格式免费提供。此外，政府机构需要采取更强有力的防护措施，保护这些数据免遭网络攻击。区块链上的开放数据能够满足这些要求。政府可以更好地发挥双重作用，一方面促进市民的业务创新，另一方面与市民一起共创更出色的政府服务。

5 下一步计划是什么？开放式政府

最终，区块链可以释放和增强开放式政府的力量。作为由区块链支持的协作式生态系统的一部分，政府可以成为值得信赖的合作伙伴，重塑现有流程，从而实现涵盖机构和公民个人的更多协作。区块链技术可以提供一致、透明而且开放的活动、信息和决策视图，促进开放式创新，重塑政府服务。这些服务包括：

· 共同创造的服务：各种不同的自上而下的服务提供流程可由一个无缝流程取代，支持市民和政府共创大众期望和需要的服务类型。

· 整合服务：集中式系统和各种不同的数据孤岛可由单个复制数据库替代，提供安全、不可变的事实版本，供生态系统中的所有利益相关方使用。

· 自我监管型服务：集中式的政府控制可由自我监管型服务交付生态系统所取代。

与各行各业中的组织一样，政府机构应当明智地以长远眼光看待区块链技术。但又与其他行业有所不同的是，因为政府机构塑造了监管和法律环境，因此他们不能只是冷眼旁观。政府机构不止受益于区块链所承诺的更大信任；他们负有独特的责任，需要为所有人创造利益。

6　建议

为了最大程度从区块链获得价值，我们建议政府机构思考以下三个问题：

我们应该以多快的速度发展?

全球各国的政府已经开始探索区块链，以期改善现有实践方式。开拓者（占受访政府机构的 14%）预计会在 2017 年大规模实施区块链解决方案。大规模采用者可以向这些先驱组织求经问道，同时也要认识到要实施区块链仍存在巨大障碍。

美国佛蒙特州政府在 2016 年初发现，“将区块链技术用于佛蒙特州公共记录工作所带来的成本和挑战超过了可预见的效益”。[17] 由于其他政府实体都在权衡利弊，因此 2017 年，所有目光都将集中在开拓者身上。

我们如何扩展网络?

一旦区块链扩展到多个参与方，就会开始出现网络效应——显著降低会侵蚀效率并阻碍创新的摩擦。开拓者已经在开发需要扩展的新业务和技术标准。大规模采用者应当加入开拓者的行列，与已经开始建立业务标准的其他团体建立强大的合作关系。

60% 的政府机构认识到法规限制是采用区块链的最大障碍，紧随其后的因素包括他们认为技术还不够成熟，以及缺乏高层支持（见图 7.9）。

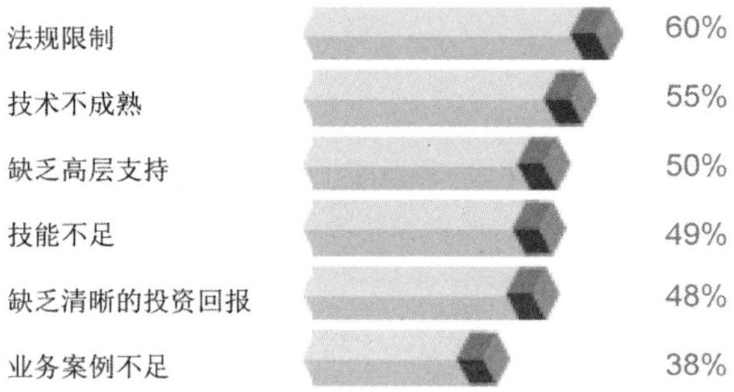

图 7.9　部署障碍：政府机构采用区块链的障碍

政府高管需要跨地区与贸易伙伴开展合作，协调涉及不同司法管辖区的法规问题。他们还应该做好准备，应对政府机构与私营企业合作时可能出现的政治障碍和其他潜在挑战。例如，洪都拉斯政府进行的土地所有权概念证明项目，在试图扩大规模时停滞不前。[18] 然而，包括瑞典和格鲁吉亚在内的其他政府并未吸取教训，仍然发起了自己的土地所有权计划。[19]

此外，还必须应对技术挑战，特别是与隐私和安全有关的挑战。在我们的调研中，有 70% 的受访政府高管指出，需要建立稳固的机制，完善身份体系和高水平访问控制。安全和隐私标准有助于鼓励更多的参与者加入区块链网络，推动网络的扩展。

Linux 基金会的开源技术项目“超级总账”（Hyperledger）致力于将身份识别和权限管理作为核心。多家机构正参与“超级总账”项目合作，共同制定技术标准，促进区块链的互操作性，并帮助确保区块链平台能够随着情况的变化而与时俱进。[20]

我们如何实现全新的服务交付模式？

90% 的开拓者期望区块链能够实现全新的业务模式，改善市民服务。政府可以利用区块链来探索提供市民服务的新方式，消除当前的技术限制。他们可以探索新模式，改进现有服务的效率，提升进入新市场的能力。

政府可以首先将关注重点放在针对具体用例的项目之上。如果像伊利诺伊州那样采用协会模式，这样的项目就可以提供关于如何大规模实施新服务交付模型的洞察。

建立协会可以为更好地了解区块链的效益奠定基础。然而，很多组织已经认识到，与几个关键合作伙伴进行更为集中的合作也是开展业务模式创新的必要条件。新的业务模式必须能够预测运营方式核心领域中潜在的颠覆性变革。

调研团队

Jerry Cuomo，IBM 院士，区块链技术副总裁

Richard Nash，全球行业团队——政府机构竞争力中心，IBM 智能交

通主题专家，IoT 专家

Veena Pureswaran，IBM 商业价值研究院，区块链研究主管

Alan Thurlow，全球政府机构竞争力中心，政府区块链和移动技术主管

Dave Zaharchuk，IBM 商业价值研究院，公共领域研究主管

合作者

调研团队感谢以下人员对本报告作出的贡献：Kristin Biron、Kathy Cloyd、April Harris、Christine Kinser、Anne-Marie Weber、Joni McDonald、Mark C. O'Reilly、Smitha Soman 和 Donald Thibeau。

注释和来源

1 Hannam, Keisha. "This Emerging Tech Company Has Put Asia's Tuna On The Blockchain." Forbes. September 30, 2016. http://www.forbes.com/sites/keshiahannam/2016/09/30/this-emerging-tech-company-has-put-asias-tuna-on-the-blockchain/#1e2db8e72ea6

2 Parker, Luke. "ID2020, held at the United Nations, features 'lots and lots of Blockchain.'" Brave New Coin. May 22, 2016. http://bravenewcoin.com/news/id2020-held-at-the-united-nations-features-lots-and-lots-of-blockchain/

3 "Blockchain Digital ID." GovHack Hackerspace 2016. July 20, 2016. https://2016.hackerspace.govhack.org/content/blockchain-digital-id

4 Carpenter, Blake, and Adam Hughes. "Can blockchain spark a government services revolution?" GCN.September 27, 2016. https://gcn.com/articles/

2016/09/27/blockchain-government-services-revolution.aspx

5 Forde, Brian. "Hillary Clinton and the Blockchain." TechCrunch. July 7, 2016. https://techcrunch.com/2016/07/07/hillary-clinton-and-the-blockchain/

6 Prisco, Giulio. "Estonian Government Partners with Bitnation to Offer Blockchain Notarization Services to e-Residents." Bitcoin Magazine. November 30, 2015. https://bitcoinmagazine.com/articles/estonian-government-partners-with-bitnation-to-offer-blockchain-notarization-services-to-e-residents-1448915243

7 Duckett, Chris. "Australia Post details plan to use blockchain for voting." ZDNet. August 22, 2016. http://www.zdnet.com/article/australia-post-details-plan-to-use-blockchain-for-voting/

8 "Illinois Announces Initiative to Grow Innovation Sector; Collaborative group creates environment where Blockchain technology can thrive." Illinois Government News Network press release. November 30, 2016. http://www3.illinois.gov/PressReleases/ShowPressRelease.cfm?SubjectID=2&RecNum=13908

9 Cuomo, Jerry, Shanker Ramamurthy, James Wallis et al. "Fast forward:Rethinking enterprises, ecosystems and economies with blockchains." IBM Institute for Business Value. June 2016. ibm.biz/blockchainstudy

10 Mulligan, Dr. Catherine and Lee Omar. "The potential for Blockchain in local government." Cities Today. May 30, 2016. http://cities-today.com/the-potential-for-blockchain-in-local-government/

11 Carpenter, Blake, and Adam Hughes. “Can blockchain spark a government services revolution?” GCN. September 27, 2016. https://gcn.com/articles/2016/09/27/blockchain-government-services-revolution.aspx

12 Prisco, Giulio. “Estonian Government Partners with Bitnation to Offer Blockchain Notarization Services to e-Residents.” Bitcoin Magazine. November 30, 2015.https://bitcoinmagazine.com/articles/estonian-government-partners-with-bitnation-to-offer-blockchain-notarization-services-to-e-residents-1448915243

13 Badenhorst, Francois. “Blockchain pegged as UK’s tax future.” AccountingWEB. January 27, 2016. http://www.accountingweb.co.uk/tech/tech-pulse/blockchain-pegged-as-uks-tax-future

14 Rizzo, Pete. “Nasdaq to Launch Blockchain Voting Trial for Estonian Stock Market.” CoinDesk. February 12, 2016. http://www.coindesk.com/nasdaq-shareholder-voting-estonia-blockchain/

15 “Estonia hits the 10 000 e-resident milestone.” e-Estonia website. May 17, 2016. https://e-estonia.com/estonia-hits-the-10-000-e-resident-milestone/

16 Prisco, Giulio. “Estonian Government Partners with Bitnation to Offer Blockchain Notarization Services to e-Residents.” Bitcoin Magazine. November 30, 2015. https://bitcoinmagazine.com/articles/estonian-government-partners-with-bitnation-to-offer-blockchain-notarization-services-to-e-residents-1448915243

17 Condos, James; William H. Sorrell; and Susan L. Donegan. “Blockchain Technologies: Opportunities and Risks.” Office of the Vermont Secretary of

State, the Department of Financial Regulation and the Office of the Attorney General. January 15, 2016. http://legislature.vermont.gov/assets/Legislative-Reports/blockchain-technology-report-final.pdf

18 Rizzo, Pete. "Blockchain Land Title Project 'Stalls' in Honduras." CoinDesk .December 26, 2015. http://www.coindesk.com/debate-factom-land-title-honduras/

19 Rizzo, Pete. "Sweden Tests Blockchain Smart Contracts for Land Registry." CoinDesk .June 16, 2016. http://www.coindesk.com/sweden-blockchain-smart-contracts-land-registry/; Shin, Laura. "Republic Of Georgia To Pilot Land Titling On Blockchain With Economist Hernando De Soto, BitFury." Forbes. April 21, 2016. http://www.forbes.com/sites/laurashin/2016/04/21/republic-of-georgia-to-pilot-land-titling-on-blockchain-with-economist-hernando-de-soto-bitfury/#6aec69a16550

20 "Identity Management (Membership Service)." FAQs.Hyperledger Fabric website, accessed January 10, 2016. https://hyperledger-fabric.readthedocs.io/en/latest/FAQ/identity_management_FAQ/

第8章

做区块链银行的领头羊

——开拓者制定游戏规则

调研团队：IBM 商业价值研究院

IBM 商业价值研究院在《经济学人》智库的支持下，对 16 个国家或地区的 200 多家银行开展了一次调研，了解他们对于区块链的体验和期望。率先采用者有哪些差异化的特点，我们可以从中学到些什么？

先行者：开拓者制定游戏规则，指引发展方向

现在，只有少数几家银行在区块链基础上开展运营。参加我们调研的银行中，有 15% 表示将于 2017 年在商业生产环境中部署区块链技术。这些开拓者将区块链工作列为企业的战略优先任务，希望能够突破阻碍，创建新型业务模式，进军全新市场。

机遇探索者：开拓者优先考虑关键的业务领域，以期实现最佳效益

时间、成本和风险方面的效益：开拓者在三个领域优先应用区块链——参考数据、零售支付和消费贷款。

全新业务模式：开拓者希望区块链能够在三个领域（贸易金融、企业贷款和参考数据）开辟全新业务模式的过程中产生最大的影响。

不断变化的利润池：发展和颠覆的新方向

抵御颠覆大潮的冲击：开拓者可以预见颠覆大潮即将来临。他们预计九个核心业务领域中有五个会经历颠覆性冲击，并计划对每个领域进行投资。

为发展而投资：纵观整个行业，所有银行都在投资国际支付、其他现金管理、企业贷款、消费贷款、抵押贷款和存款吸纳等业务。

1 先行者

开拓者制定游戏规则，指引发展方向

当在区块链上第一次通过电汇执行国际支付时，完成交易的速度以秒计，而不是原来所需的几小时。[1] 执行速度当然只是区块链所具备的优势之一，但在区块链商业化的过程中，速度也是非常关键的因素。我们对商业银行和小额业务银行的调研表明，该行业采用区块链的速度远远高于预期。

现在，银行业的区块链商业应用屈指可数。而到 2017 年下半年，15% 的受访银行表示将大规模部署商用区块链解决方案（见图 8.1）。我们将这组受访者称为“开拓者”。实际上，截至 2017 年银行业区块链的采用率将从零提高到 60%。这个先行者群体的优势非常明显，他们能够影响和制定业务标准，供他人执行。此外，由于初创企业主要瞄准不够灵活的老牌企业，而且他们新的业务模式超越了行业界线，因此“先行者”银行能够在竞争中处于有利的地位，从容应对随之而来的颠覆大潮。

这些开拓者并非许多人预计的那样，是一批首先采用区块链技术的

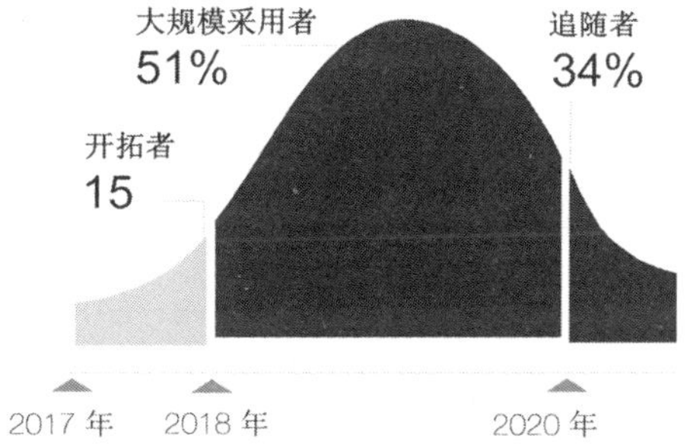

图 8.1　最早部署时间：受访者预计在商业生产环境中大规模部署区块链的时间

小型初创企业或金融科技企业，而是包含了数量不成比例的中型银行，另外还有大量员工数超过十万的大型企业，数量超过中型银行的两倍。和预计的正好相反，这些大型银行证明自己能够敏捷地应对变化，迅速采取行动。

在我们的第一次区块链调研 (ibm.biz/fastforward) 中，我们研究了区块链有多大的潜力消除阻碍企业发展和限制创新的摩擦。我们确定了九种对当今企业形成挑战的摩擦（见图 8.2），并分析了区块链可能带来的影响。本次调研询问了银行业者对这些摩擦的看法。

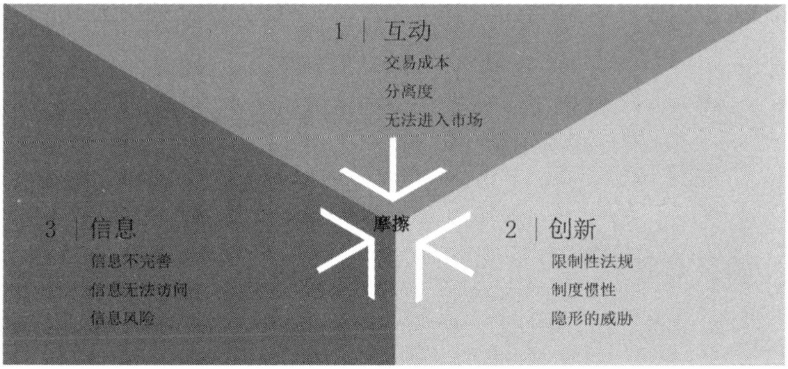

图 8.2　摩擦框架：区块链有能力最大程度消除信息、创新和互动方面的摩擦

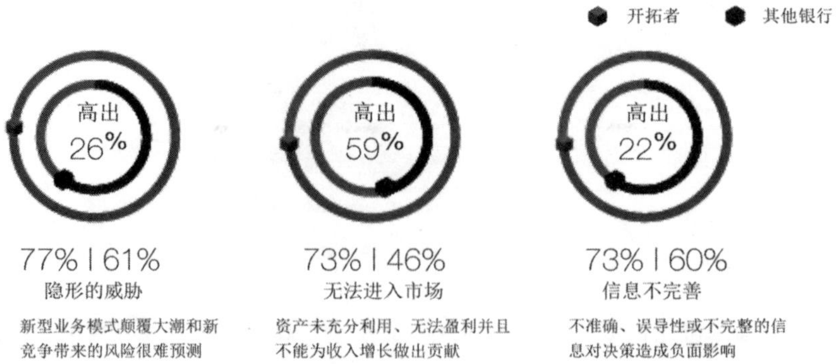

图 8.3　发展途径：开拓者确定了区块链可以最有效消除的三类摩擦

我们发现，所有的受访银行都希望区块链可以消除全部摩擦。但先行者在一个方面与其他银行形成鲜明对比。他们认为，最大程度减少这些摩擦将有助于突破阻碍，从而创建新的业务模式，进入新市场。同样，这些大胆的银行业特别注重使用区块链技术来大幅提高决策所依赖的信息的准确性（见图 8.3）。

银行在未来几年如何应对区块链机遇？这取决于他们的处境、能力和志向。监管机构如何应对区块链，会在哪些方面影响区块链的发展？与具有转型潜力的任何新技术一样，区块链没有普遍适用的方法。然而，准备立即进入该市场的开拓者的计划、优先任务和投资为我们指明了发展方向。

2　机遇探索者

开拓者优先考虑关键的业务领域，以期实现最佳效益

目前，大多数银行已经得出结论，认为区块链能够大幅减少许多交

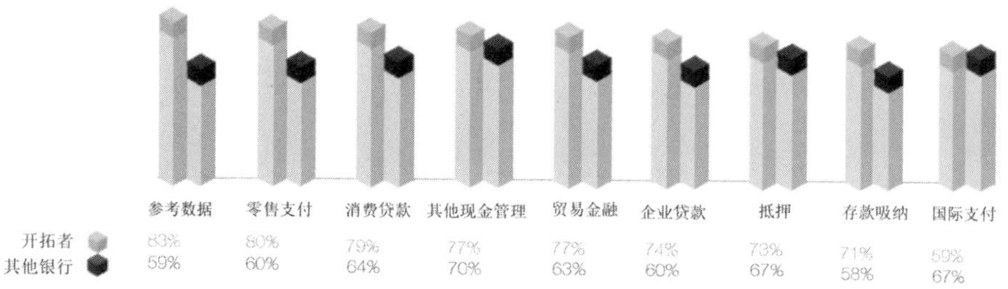

图 8.4　为所有领域带来的优势：区块链对时间、成本和风险的影响

易的时间、成本和风险。随着银行从试点中获得经验，这种计算变得更加清晰。我们要求银行在九个核心业务领域衡量时间、成本和风险方面的效益，并分析他们的回答，以便计算每个业务领域的总分。我们的分析得出了一致的结论：区块链的效益是令人信服的，可以在银行业的每个方面发挥作用。开拓者确定了效益最高的三个业务领域——参考数据、零售支付和消费贷款（见图 8.4）。

和预计的一样，在参考数据方面带来的优势最显著（见图 8.5）。在区块链上，可以实时自动捕获参考数据，并且经过允许后可在各业务部门和机构中进行验证和共享。实际上，区块链是一种始终保持最新的自

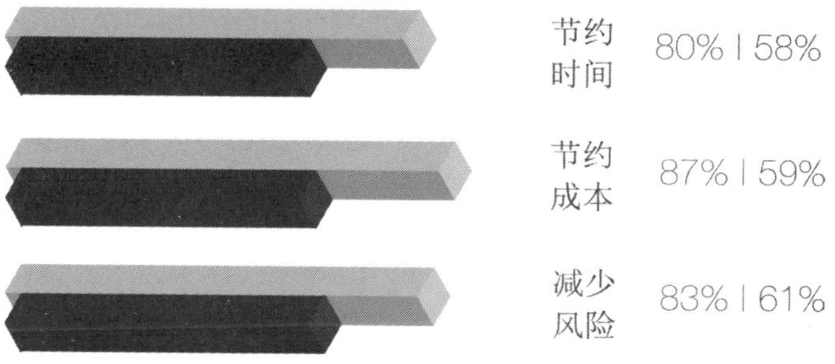

图 8.5　开拓者参考数据主要优势

我整合式事实系统。

当彼此隔离的数据“孤岛”连接到区块链后，可以实现以下方面的效益：耗时耗力的对账工作几乎完全消失，可即时验证的审计跟踪有助于发现坏家伙和潜在的欺诈行为。银行可确保数据完整性，并且获得了可提供最新分析数据的卓越平台。由于参考数据是所有银行活动中不可或缺的组成部分，而且不受银行其他领域中复杂规章制度的约束，因此可以成为区块链应用的一个理想切入点。

区块链上的支付和贷款适用于广泛的目标客户，可以帮助银行显著提高效率。区块链上的交易不仅可以消除对账所需的时间和人力成本，还能最大程度度减少差错，显著缩短结算所需的时间，从而降低风险和资

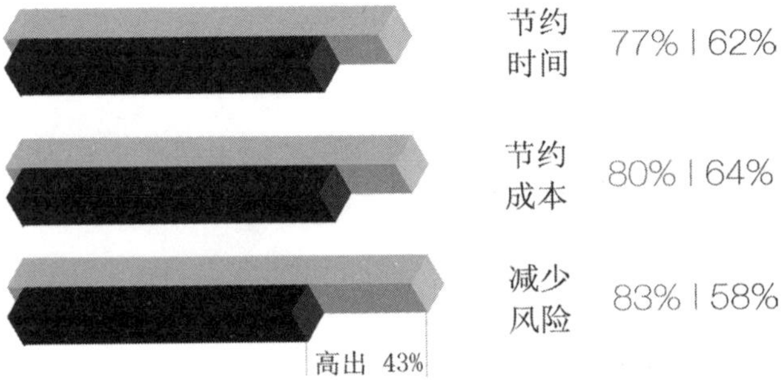

图 8.6　开拓者零售支付主要优势

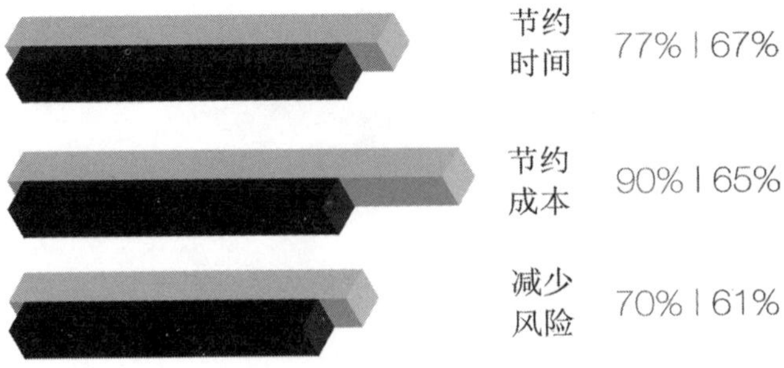

图 8.7　开拓者消费贷款主要优势

本需求。认为在将零售支付迁移到区块链之后，能够显著降低风险的银行中，开拓者的比例要比其他银行高出 43%（见图 8.6）。

消费贷款领域的成本节约非常具有吸引力：90% 的开拓者认为仅成本节约这一项就能实现显著的成果（见图 8.7）。对消费贷款机构而言，进入新市场是另一个极富吸引力的价值主张。由于缺乏信用历史记录以及对欺诈的担忧，银行不太可能向无银行账户的客户发放贷款。

而在区块链上，由于能够捕获可验证的新型交易数据，因此这种改进的“识别客户”数据和“了解客户（KYC）数据”可以帮助银行顺利进军新兴市场。

单独考虑区块链的时间、成本和风险效益，可以发现它为其他一些业务领域带来的效益。

企业贷款的时间节约效益排名第二；国际支付在成本节约中位列第三；贸易金融在降低风险中排名第三。

变革的平台

当然，区块链的狂热支持者所承诺的不仅仅是 ERP 升级，而是带来一场革命。我们要求受访的银行业者分享自己对于区块链作为新业务模式平台的期望和体验。开拓者认为，基于区块链的业务模式对以下三个方面的影响最大：贸易金融、企业贷款和参考数据（见图 8.8）。

贸易金融现代化

开拓者和其他银行都认为贸易金融是应当会出现全新业务模式的一个领域。鉴于一次交易中参与方、交接、纸质文档和人工流程数量之多，复杂程度之高，长久以来要求彻底改造贸易金融的呼声一直不绝于

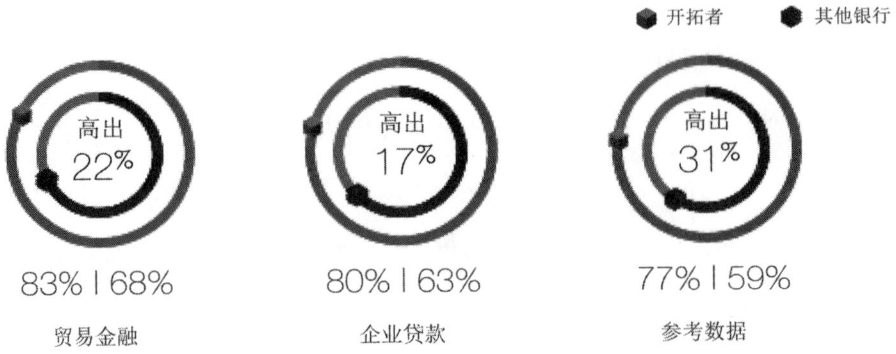

图 8.8 开拓者最主要的三个由区块链支持的业务模式

耳。区块链有能力重振这个巨大的全球市场。据估计，全球范围内银行中介的短期贸易金融的业务量就高达 6–8 万亿美元。[2]

一些主要的金融机构（如美国美林银行）正在开展创新，希望降低风险、简化流程和改善融资。[3] 传统银行和金融科技企业已经在许多领域成功试点，包括提单和信用证，以及通常不会以数字形式共享或存储的文档。这些现代化努力为金融机构实现了立竿见影的高效率，但更大的好处在于银行可借此机会提高自身的知名度。由于能够更方便地访问历史数据和实时交易数据，因此银行有机会大幅提高融资利润并争取到新客户。

50%

的中小企业无法获得所需的融资——信贷需求和发放之间的差距约为 2 万亿美元。

当然，银行必须面对新的竞争：阿里巴巴是中国最大的电子商务企业，它希望提供自己的金融服务（包括贸易金融），而且正在探索由区块链支持的金融服务。[4]

为企业贷款松绑

结算周期漫长，通常需要 20 天或更长时间，这会拖延企业贷款，阻碍资本流通，并使银行受到更加灵活的新竞争对手的威胁。区块链上的智能合约功能有望大幅缩短结算时间。随着区块链逐步发展到各行各业，能够捕获更多可即时验证的数据（包括对资产的实时访问以及其他形式的抵押），并与银行共享这些数据，因此借款方可以扩展至许多目前被银行拒之门外的中小企业。

此外还出现了一种更为激进的模式，即区块链上直接的点对点借贷，这种模式已经由微型企业进行检验，并且证明可应用于希望扩大客户群的较大规模金融机构。当然，这种点对点模式也可能威胁到那些发展过于缓慢的银行。[5]

“在法国首次进行的此类项目证明，区块链在我们的运营应用中可以充当变革性的代理。这个试点项目提供了我们分布式网络上客户文件的完整视图。”

——Frédéric Laurent，Crédit Mutuel Arkéa 创新与运营首席运营官

参考数据商业化

实时数据同步为数据的商业化创造了全新的机遇，并且形成了全新

的金融服务。Credit Mutuel Arkea 可以从多个系统中采集数据，将客户身份信息和 KYC 数据集成到区块链上。该机构已经体验到区块链带来的运营效益，认为这有助于提高利润和客户满意度。Credit Mutuel Arkea 希望向第三方提供新的身份证明服务，这包括公共事业企业、零售商和其他监管服务提供商[7]。随着区块链在其他行业日益普及，银行拥有的参考数据有助于催生下一代金融服务。

新的业务模式将采取多种形式，并随着企业与监管部门合作的深入而不断发展，从而建立新的流程和平台。但有一件事是肯定的：颠覆者已经找到了新平台；他们的进展比预期更快，并且已经准备突破新的领域。

3　不断变化的利润池

发展和颠覆的新方向

一段时间以来，停滞不前的股本回报率迫使银行寻求新的增长来源。首先是数字化初创企业，紧接着是金融科技企业和非金融机构，纷纷挤进金融市场，提供便捷、即时和低成本的服务，吊足了客户的胃口，并开始侵占传统金融机构的市场份额。现在，一家主要的银行集团，也属于我们调研中的“开拓者”群组，开始筹划如何收复失地。

当开拓者银行亲身体验区块链技术并环视市场环境后，他们看到了其他银行还未觉察的趋势——颠覆大潮正汹涌而来。开拓者预计自己九个核心业务领域中有五个（这包括贷款和支付——传统银行的主要业务领域）将面临严重的颠覆性冲击（见图 8.9）。相比之下，所有其他受访

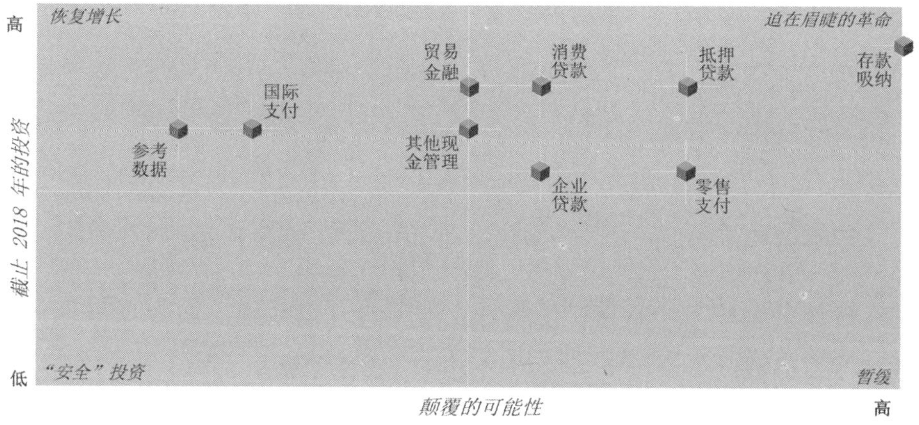

图 8.9　颠覆大潮：开拓者确定的投资和颠覆领域

银行只认为两个领域会受到冲击。

抵御颠覆大潮的冲击

由于区块链鼓励信任，金融机构可以增加开展交易的企业数量。小型竞争者和数字初创企业可以访问区块链基础架构，从而提高竞争力和客户信任度。这些新型竞争对手包括非银行机构，有可能威胁到开拓者认为最有可能遭受颠覆冲击的两个领域：存款吸纳和零售支付。

企业贷款和消费贷款最有可能受到新型区块链模式的影响。区块链采用分散的监管形式，因此可以在各方之间进行直接交易，实现金融交易非中介化，提高点对点融资网络的可行性。

随着区块链在各行各业中的普及，肯定会出现新的跨行业生态系统。银行需要确定哪些业务网络能够创造最理想的机遇，帮助更好地发展业务、争取新客户以及获得新型数据。在中国，鑫苑置业——一家房地产开发商和物业管理企业，在 2016 年 7 月推出了由中国工商银行支持的新的房地产金融区块链。该平台包含机构网络，以及房地产登记、评估和融资等功能。通过这样的发展，企业就可以采用全新的方法争取客户以及获得抵押贷款融资[8]。

为发展而投资

即使那些认为不会受到颠覆冲击的银行，也在为了提高时间和成本效率以及降低风险而投资，希望借此刺激增长（见图 8.10）。

所有银行都认为，存款吸纳是将受到颠覆冲击的主要领域。大多数受访者并不认为区块链为存款吸纳领域带来的时间、成本和风险效益高于其他领域，但是他们一致认为需要采取防御措施和投资，应对颠覆大潮。金融科技企业和数字化初创企业加剧了非中介化的危险，因为他们可以通过提供卓越的数字化体验来吸引客户。事实证明，由区块链支持的存款吸纳是纯粹的防御措施——旨在保护客户群，但像许多业务活动一样，一旦在某个区块链上建立数据和交易链并将其连接到其他区块链，就有可能实现意想不到的创新。

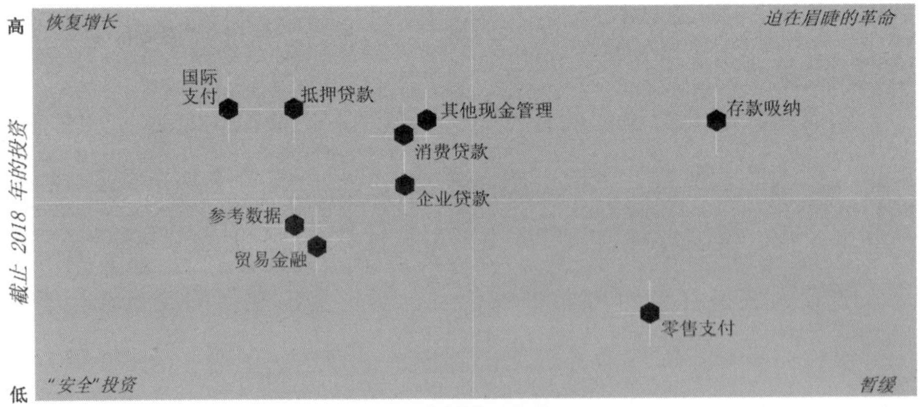

图 8.10　设定投资领域：所有银行确定的投资和颠覆冲击领域

为了从区块链获得最大价值，我们建议银行回答三个问题：

我们应该以多快的速度发展？

15% 的受访者表示已经开始行动。这些开拓者设定了发展速度，并指明了前进方向，从而获得早期优势。大规模采用者可以研究开拓者所获得的经验教训，但是他们应该尽快做好准备，开始实际应用。

对许多人来说，法规监管复杂性和限制对于采用区块链似乎是不可逾越的障碍（见图 8.11）。世界各地的监管机构和立法机构已经参与联盟，以确定如何改变法规，了解监管机构如何从区块链受益。一些主要的银行机构正与监管机构就区块链项目开展合作，希望获得实施批准。类似这样的合作值得鼓励，监管机构总体上持支持态度。银行有机会影响未来的监管环境，加快新区块链计划获准进入市场的速度。

我们如何扩展业务网络？

一旦区块链扩展到多个参与方，就会开始出现网络效应——显著降低会阻碍发展的摩擦。开拓者已经在开发需要扩展的新业务和技术标准。大规模采用者应当加入开拓者的行列，开始建立强大的合作关系，包括联盟和已经开始建立业务标准的其他团体。

超过一半的受访企业仍将不成熟的技术视为一种障碍（见图 8.11），70% 的受访企业提到需要采用健全的机制来建立身份管理和高度的访问控制。安全和隐私标准有助于鼓励更多的参与者加入区块链网络，推动网络的扩展。

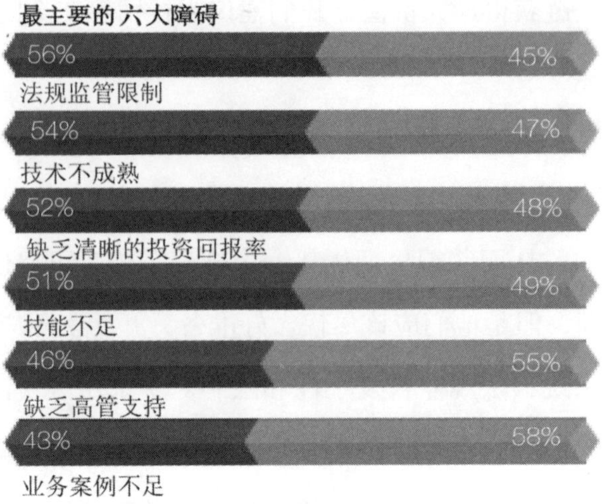

图 8.11　目前实施区块链的障碍

我们如何利用新的收入模式进行创新?

正如预期的那样，我们的数据表明接近半数的受访银行已经确定了可能实现投资回报的领域（见图 8.11）。尚未明确投资回报领域的银行应将其作为优先任务。

联盟为更好地了解区块链效益奠定了基础，而许多银行也已经意识到，加强与一些主要合作伙伴的合作对创新业务模式而言非常必要。新的收入模式必须能够预测当今和未来业务核心领域中潜在的颠覆性变革。无论是保护所有领域还是仅保护某些领域，最可靠的措施就是尽早尽快把握实施新收入模式的机会。

然而，随着市场的发展，区块链将至少能够增加一个新的收入流：参考数据的商业化潜力会不断提高。银行应当从一开始就将这一点纳入自己的考虑范围。

Linux 基金会的开源技术项目“超级总账”(Hyperledger) 的核心焦点是身份和权限。多家机构正参与“超级总账”项目合作，共同制定技术标准，促进区块链的互操作性，并帮助确保区块链平台能够随着情况的变化而与时俱进。

调研团队

Keith Bear，全球金融市场，副总裁

Nick Drury，IBM 商业价值研究院，全球银行和金融市场主管

Peter Korsten，全球企业咨询服务部，全球思想领导力和卓越计划，副总裁

Veena Pureswaran，IBM 商业价值研究院，研究主管

Likhit Wagle，全球行业总经理，银行与金融市场；行业学会成员

James Wallis，全球支付行业和区块链，副总裁

合作者

调研团队感谢以下人员对本报告做出的贡献：Steve Ballou、Kristin Biron、Jim Brill、Phil Enness、Angela Finley、April Harris、Christine Kinser、Anthony Lipp、Kathleen Martin、Joni McDonald、Smitha Soman、Stephen Ott、Donald Thibeau、Idrissa Thioune 和 Anne-Marie Weber。

注释和来源

1. Sofia."ATB Financial, SAP and Ripple send the first real-time international

blockchain payment from Canada to Germany."Let's Talk Payments.July 22 2016.https://letstalkpayments.com/the-latest-blockchain-trials-and-projects-the-race-for-adoption-in-on/

2. World Trade Organization. “Trade Finance and SMEs.” 2016.https://www.wto.org/english/res_e/booksp_e/tradefinsme_e.pdf

3. Rizzo, Pete. “Bank of America Latest to Conduct Blockchain Trade Finance Trial.” CoinDesk.March 1 2016.http://www.coindesk.com/bank-of-america-latest-to-develop-blockchain-trade-finance-trial/

4. Michael, Melodie. “Alibaba partners with e-lenders for trade finance.” Global Trade Review.March 13 2015.http://www.gtreview.com/news/global/alibaba-partners-with-e-lenders-for-uk-trade-finance-service/

5. Quentson, Andrew. “China’s internet giant to roll out blockchain for payments,” CoinJournal.July 11 2016.http://coinjournal.net/ant-financial-blockchain-tech/

6. Stein, Peer. “5 steps to closing the $2T credit gap.” World Economic Forum. October 26 2015.https://www.weforum.org/agenda/2015/10/5-steps-to-closing-the-2-trillion-credit-gap/

7. IBM press release. “IBM and Crédit Mutuel Arkéa Pioneer the Use of Blockchain to Manage Customer Identity and Improve Customer Satisfaction.” June 30 2016.http://www-03.ibm.com/press/us/en/pressrelease/50087.wss

8. EconoTimes. “Xinyuan’s new real estate blockchain platform to launch in August.” July 19 2016.http://www.econotimes.com/Xinyuans-new-real-estate-blockchain-platform-to-launch-in-August-237680

第9章

建立信任：区块链上的数字身份

调研团队：ExpertInsights@IBV 专家洞察

1 透过市场角度看数字身份

一幅广受欢迎的漫画清晰揭示了数字时代的精神精髓。画上写道："在互联网上，没人知道你是条狗。"现在，企业通过追踪数字足迹，可以精确地确定一个人的身份。在数字经济中，"身份"是至关重要的安全防护措施，同时也是以客户为中心的企业开展个性化互动的基础。这意味着要拨开不断扩大的数据迷雾来定义一个人。这些数据包括姓名、地址、信用评分和资产净值等属性信息，以及音乐品位、有机食品购买偏好、健康状况和社交圈等特征信息。

建立信任

不管是商业交易还是社会交易，大多都依赖于对背景身份的了解。随着交易数量的攀升，安全漏洞也会越来越多。你会相信一个人对自己的介绍，还是会认为他是在装成他人？你是否相信某个人以及相关描述数据？你所掌握的信息是准确无误的，还是经过了篡改？信息是否是最新的？当前的身份管理模式成本高昂、相互脱节、容易出错，很快就会难以维持下去。

区块链带来了一种全新的方法，这是一种支持在可扩展的个人和机构群组中共享分布式账本的技术。与每个事件或每次交易相关的数据都有时间戳记，随附于之前的记录中，并且只有获得授权的参与方才能够实时获取这些数据。在已成事实之后，个人无法对记录进行篡改；记录仅可由各个参与方经过协商之后才能进行修改。这样，数据就成为了一条牢不可破的信任链的一部分。

区块链改变了传统规范，打破了不同所有者掌握不同数量信息的局面，形成了持续更新的数据历史记录，每个人、每个地方或事物都一览无余。实际上，在区块链上跟踪到的数据成为了唯一真实的信息。企业应当如何抓住这个新机遇？我们认为应该从三个方面出发：设计、演变和调整（见图 9.1）。

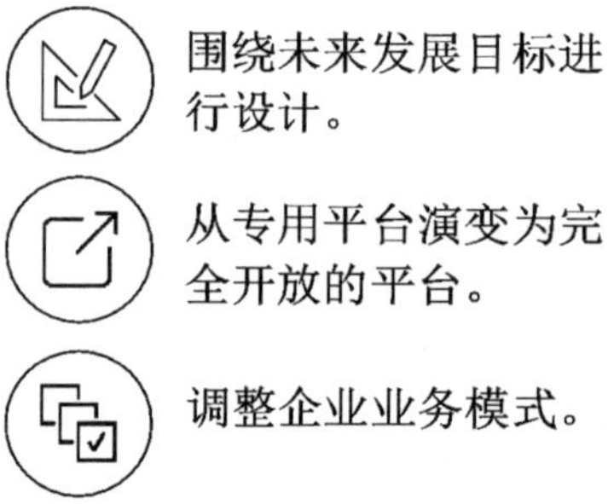

图 9.1　三个准则可以帮助企业利用区块链构建身份网络

“构建可信的身份网络是向崭新世界迈进的重大一步，届时企业将通过智能合同来与个人协商有关企业如何管理和使用个人数据的相关事宜。”[1]

——Don Tapscott

技术和创新领导者，《区块链革命》的撰写人

设计：控制悖论

根据 2011 年世界经济论坛的共识，个人数据已经成为一种重要的新资产。[2] 但是，这些数据仍然是一种剩余资源。隐私和安全问题不断削减客户的信任，阻碍数据共享。结果如何呢？虽然企业不断花费资金寻找并尝试理解消费者留下的数位痕迹，但是揭露个人属性的数据仍未得到充分利用。

我们认为，如果用户知道个人可识别信息可以由他们自己掌控，那么他们将更有可能把这些信息共享出来。这种以用户为中心的模式也称为自主身份模式，依循两个原则——同意和控制。同意是指个人与机构之间的协议（或许可），用于确定哪些个人数据可以收集、谁可以使用这些数据以及如何使用；控制可以确保个人完全掌控自己的个人数据。自主身份管理模式让销售者和中介身份代理掌控隐私性，这样便会减少由身份信息泄露以及商业欺诈引发的责任。

恰巧，区块链技术十分适合于管理个人可识别信息的准入和控制权限，因为这种技术可以自我管理，无需依靠集中掌管控制权的机构。在区块链上，智能合同可以嵌入规则，有效地自动执行选择性参与流程。这些规则可以决定谁有权收集身份相关数据、谁有权访问这些数据，以及可以了解到何种详细程度。举例来说，区块链技术无需透露身份背后的详细信息就可以验证身份。简而言之，可以通过透明方式同时广泛地共享和保护必要数据记录。

归根结底，自主身份模式要想成功，必须易于使用。横跨多个互不关联的平台管理个人身份信息，不管是企业还是国家政府都不可能做到让人人满意。而区块链技术恰好在这方面拥有优势。它拥有分布式架构，可以确保企业应用完全互通，并且跨越多个行业和生态系统。与此同时，对区块链网络上的个人数据的同意和控制权限可以从单个访问点进行管理。

为患者提供支持，改善治疗成果

自主身份管理支持医疗保健机构采用以患者为中心的模式。如今，只有不到五分之一的医院会结合患者提供的数据制定临床决策。[3]

借助自主身份管理，可以经济有效地捕获来自可穿戴设备和其他医疗设备的数据，创建更加个性化的医疗护理计划，跟踪用药依从性和治疗成果。自主认知身份顾问程序可以帮助患者了解和管理自己的健康数据，甚至帮助他们选择最符合当前需求的医疗服务供应商。

演变：平台永不过时

因为业务规则和智能合同可以随时构建到区块链平台当中，所以它们可以超越初始应用范围，跨越端到端业务流程，扩展到业务网络中的各种活动。与固定的集中化数据库不同，区块链本质上就十分灵活，不易出现单点故障，可以轻松扩展，适应未来的需求。

超级账本是 Linux 基金会的一个开源社区项目，吸引了 127 家公司和技术供应商，旨在提供可随时间推移灵活变化的区块链技术。[4]超级账本方法拥有三个关键属性：权限限制、安全可靠、模块化。因此，区块链平台完全互通，并且可以扩展到业务网络中的各个参与方。

最初，许多企业可能都更偏向于专用的集中化系统，因为这种系统的设计包含针对个人数据的同意机制。这就最大程度地增强了企业对数据完整性和数据保护法规合规性的控制能力。但终归而言，这些专用系统可能无法提供具有权限限制的分布式平台的全部优势。

举例来说，银行需要遵守 KYC 法规，初步身份验证流程很可能不会发生太大变化。但是一旦将经过验证的身份放在区块链上，那么其他银行也就可以获取这些身份信息。最近，加拿大的主要银行就采用了这种方法，其中包括蒙特利尔银行、加拿大帝国商业银行、贾丁斯金融集团、加拿大皇家银行、加拿大丰业银行和道明银行。他们与 IBM 和 SecureKey 共同构建了身份验证网络，该网络除了具备其他功能，还可以共享身份属性，这就避免了检查信用评分的必要。[5]

随着区块链技术的不断演变，专用应用可能会逐渐让位于更加开放、完全互通的平台。网络效应十分诱人，从数据多样性获得的优势又太过强大。随着有权限限制的数据在各种不同的机构之间不断进行共享，上下文环境变得更加丰富，全新的个性化产品和服务也有可能会出现。此外，身份和身份相关数据验证变得更加容易。这种关于个人身份、行动、声誉和生命周期历史的全方位“市场视图”为寻求互动的其他个体和企业建立了更高的信任水平。

建立更好的区块链标准

不是所有的区块链实施都是平等的。从根本上而言，强大可信的数据完整性协议终将获胜。行业联盟可能是制定这些有力标准的最佳方法。

2 调整：信任圈范围扩大

对于身份和信任来说，没有任何属性比声誉属性更为重要。在区块链上跟踪到的数据可以用于衡量个人或机构兑现承诺的倾向，不管是付款还是及时交货。

访问在区块链上跟踪到的过往绩效相关数据成为了验证声誉的新基准。初创企业和小型企业的身份和声誉已经建立在区块链之上，通过可信的业务网络可以更加轻松地获得认可，而不是依赖于品牌认同等传统举措。对等业务模式变得更加切实可行，例如借贷或保险模式。

Goldman Sachs 最近的一份报告预计，区块链支持的声誉管理方法可以加速共享经济的发展。Goldman Sachs 以 Airbnb 为成功案例加以分析，最后总结出：基于区块链的身份管理方法可以带来诸多方面的改进，到 2020 年，Airbnb 全球订房金额规模可能会增加 13%—46%。[6]

教育区块链计划致力于解决学术欺诈问题，建立信任，保护教育机构的声誉。在肯尼亚，教育部正在进行试点，利用区块链作为其教育系统的唯一真实信息来源。[7]

基于区块链的业务网络可以利用新方法进行声誉管理，从而打开新市场。截至 2014 年，主要来自新兴市场的 200 万个体无法享受金融服务，部分原因是他们缺少身份证件或者没有开通银行账户。[8] 在区块链上，社会、社区和声誉标识符的结合可以更加迅速地建立可验证的身份和信誉。

从以社区为中心的电网到车辆共享，新兴市场都可以通过身份管理方法从声誉跟踪中获益。在区块链上经过证实的声誉可以提升那些销售可持续产品的品牌的知名度，确保食品、医药、电子商品和类似产品的安全。

让监管机构成为值得信赖的合作伙伴

通常，增加保护个人数据和隐私的法规要求被视为一种负担。合规性错综复杂、成本高昂；违规罚款任务繁重。但是，区块链技术广受监管机构的欢迎，因为在某种程度上它创建了实时可信的审计轨迹。通过将监管机构包含在他们可信的业务网络当中，企业可以提前检测到潜在的问题。

调研团队

ExpertInsights@IBV 专家洞察代表了思想领导者对具有新闻价值的业务和相关技术话题的意见，根据与全球领先的主题专家的对话总结而出。

注释和来源

1 Clark, Jen. "Blockchain technology: the next generation of the internet." Watson IoT blog. March 22 2017. https://www.ibm.com/blogs/internet-of-things/keynote-don-tapscott-blockchain/

2 "Personal Data: The Emergence of a New Asset Class." World Economic Forumreport. 2011. http://www3. weforum.org/docs/WEF_ITTC_PersonalDataNewAsset_Report_2011.pdf

3 Bresnick, Jennifer. “Exploring the Use of Blockchain for EHRs, Healthcare Big Data.” Health IT Analytics website, accessed March 31, 2017. http://healthitanalytics.com/features/exploring-the-use-of-blockchain-for-ehrs-healthcare-big-data

4 Hyperledger website.Home and About pages, accessed March 27, 2017. https://www.hyperledger.org/

5 “IBM and SecureKey Technologies to Deliver Blockchain-Based Digital Identity Network for Consumers” IBM press release. March 20, 2017. http://www-03.ibm.com/press/us/en/pressrelease/51841.wss

6 “Profiles in Innovation.” Goldman Sachs Global Investment Research report. May 24, 2016. http://www.http://www.the-blockchain.com/docs/Goldman-Sachs-report-Blockchain-Putting-Theory-into-Practice.pdf

7 Young, Joseph. “Kenyan Government Uses IBM Blockchain to Prevent Academic Certificate Fraud.” The Cointelegraph. December 22, 2016. https://cointelegraph.com/news/kenyan-government-uses-ibm-blockchain-to-prevent-academic-certificate-fraud

8 “The Global Findex Database 2014: Measuring Financial Inclusion around the World.” The World Bank report. April 15, 2015. http://documents.worldbank.org/curated/en/187761468179367706/The-Global-Findex-Database-2014-measuring-financial-inclusion-around-the-world

第 10 章

释放区块链的威力

调研团队：ExpertInsights@IBV 专家洞察

1　金融服务生态系统的规范与创新

毋庸置疑，区块链旨在建立交易信任。对于几乎所有供应链来说，无论是食品、医疗记录、珍贵的宝石和矿物、房地产还是信用违约互换（仅举几例），成功的关键在于透明度承诺和参与者可审核性。从这种意义上来看，我们可以将金融产品看作一级市场和二级市场的供应链——一方面为现金供应链，另一方面为股票、CD 或衍生品供应链。

透明带来信任

Provenance 创始人兼 CEO Jessi Baker 曾经说过："从本质上来讲，区块链是一个系统，使互不信任的人们开始相信对方。"[1]

区块链的终极目标就是通过透明的方式兑现这个承诺。似乎，监管机构的梦想就要实现了。

2008 年，金融危机席卷全球，导致金融市场的透明度和信任度降至冰点。因此，金融服务行业的监管和监督力度得到了增强。尽管数字化对客户端界面产生了重大影响，但是并未改变供应链。因此，参与者越来越希望分布式账本技术发展成为一种开放、安全、可扩展且透明的方法，从而可以满怀信任且自信地进行交易。

监管机构不断寻求：

· 降低系统性风险

· 通过帮助有意愿的买家寻找有意愿的卖家来确保公平

· 准确完成交易，不发生阻碍供应链的争议

· 快速透明地进行贸易，避免结算风险

监管机构日渐青睐区块链

现在，由于意识到不透明导致成本上升，监管机构很愿意推广能够增加透明度并降低成本的技术。监管机构的热忱令人深受鼓舞；但是从传统角度来看，人们通常认为这类机构并非特别具有创新性，甚至与创新毫不相干。放眼全球，他们对区块链的关注度一路飙高。举例而言：

· 美元证券交易委员会（SEC）成立了分布式账本技术工作小组，负责构建专业知识、发现新兴风险领域，并协调 SEC 各部门和办事处之间的工作。[2] 该工作小组大约有 75 名成员，同时还帮助协调联邦、州级和当地的执法与监管合作伙伴之间的合作，以及与业界进行联络。

· 英格兰银行与一家咨询公司合作，构建了多节点、可扩展的区块链环境，其中包括若干“智慧合同”，用于阐释该技术的应用。[3]

· 金融稳定委员会总秘书长于 11 月披露，正在考虑分布式账本技术对于金融稳定性的影响，并将继续确定市场参与者和决策制定者需要解决的关键问题。[4]

· 欧洲证券及市场管理局最近公布了 2016 年市场咨询结果；在美国，金融行业监管局也进行了类似的市场调查。

·此外，去年 9 月，香港金融管理局推出了金融科技监管沙盒，令银行能够在一个受控的生产环境中进行试点试验，无需完全遵循监管规定。一些银行正在讨论区块链和人工智能等领域的项目。[5] 英国、澳大利亚和阿布扎比酋长国也在考虑“区块链沙盒”。

区块链是监管和技术创新的融合点

在金融市场，“超级账本”区块链项目增长趋势显著，该项目旨在制定区块链标准。[6]“超级账本”是一个开源项目，采用开放式监管全球协作机制，包含金融、银行、供应链和制造业等各个领域的领导者。超级账本是在 Linux 基金会的支持下开发而成。

根据 IBM 商业价值研究院对 200 名金融市场高管进行的调查，仅有 14% 的公司正在采用区块链——我们将其称为开拓者。[7] 这个群组预计在今年大规模实施商用解决方案。30%（开拓者的 2 倍）的参与者称在 2020 年之前没有使用商用解决方案的计划。

区块链商业化步伐缓慢的原因在于数据库、方法、服务和监管方法设计等任务繁重。

尽管如此，根据概念验证的数量、社交舆论，甚至参与多个计划的公司来判断，人们对区块链的兴趣和信心正在攀升。

毫无疑问，开拓者们不仅仅对技术研究感兴趣，他们还计划颠覆现状，寻求强大的竞争优势。而且，开拓者可能不是您预想的那些人（见“开创性的大规模区块链实施”）。

开创性的大规模区块链实施

美国存管信托和结算公司（DTCC）汇集了全球信用违约互换市场中的众多大型参与者，共同针对交易信息库选择和实施基于区块链的方法，该方法将基于 DTCC 在“超级账本”项目中的主导作用。我们认为，这不仅是在金融市场中“大规模”部署区块链的行业标准，而且也有力说明了市场对区块链价值的认可，人们相信这项技术可以帮助构建关键的市场基础架构。

与侧边栏提到的 DTCC 示例相似，CLS 集团正在开发基于“超级账本 Fabric”的区块链双边外汇交易网络服务（一种对冲汇率风险的方法）。[8] 这主要用于处理在定期和主要的 CSL 结算服务之外的买方和卖方机构外汇交易。该公司在全球拥有 21,000 家结算机构客户，期望不断拓展客户群和全球业务覆盖范围，借机向市场推出基于区块链的新解决方案。[9]

事实上，几乎所有大型金融服务公司都在独自探索或者加入联盟协作研究区块链技术。然而，对于前景如此广阔的技术，金融服务行业似乎是在小心试探，而非阔步前进。那么，阻止行业参与和接受区块链的障碍是什么呢?

在调查中，56% 的受访者将法规监管约束视为三大障碍之一（见图 10.1）。我们相信，一旦监管机构发现变革将会支持或延伸其核心安全性和透明度要求，则会支持变革。当然，成本驱动因素必须明确，而且需要清晰认识变革成本。

此外，除拥有重要网络的企业（例如 CLS 或 DTCC）之外，其他企

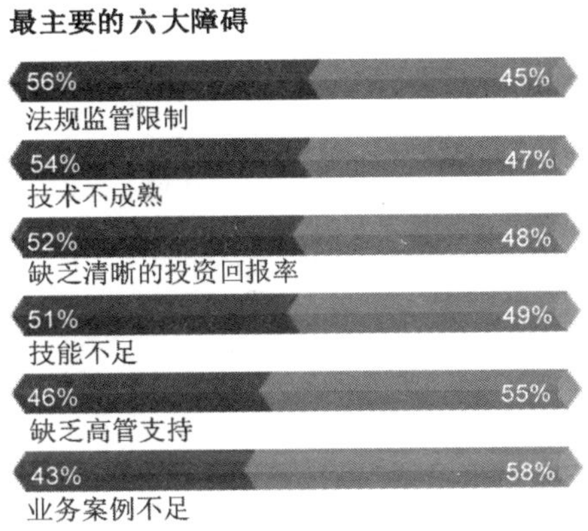

来源："做区块链银行的领头羊：开拓者制定游戏规则。" IBM 商业价值研究院与《经济学人》智库 https://public.dhe.ibm.com/common/ssi/ecm/gb/en/gbp03467usen/GBP03467USEN.PDF

图 10.1 目前实施区块链的障碍

业也应对标准达成共识。监管机构并不喜欢在相互抵触的标准之间进行裁决。他们更喜欢能够支持用户按照自身需求前进的开放式或多模式方法。

因此，监管机构在行使其权力时会深思熟虑，但也看到了信任度和透明度改善所能带来的好处。他们选择了一条折中路径，试图制定一些技术上合理，但使厂商中立的规则。在这条路的一端是失败的沟渠，另一端是成本的围墙。在开放性问题上，例如区块链环境中关于结算最终性的法律和法规问题，他们更可能会既满怀热忱，又不忘谨慎行事。

对金融服务等领域的影响

如果监管机构和参与者就区块链采用达成共识，那么这对全球金融市场来说可能是一个节省成本的契机。而且，监管机构和参与者共同的愿望是节省成本和降低运营成本，因此每个公司不再需要自己的传统账本系统。

监管机构和金融市场企业对于区块链达成共识后，电子账本成为行业普遍方法似乎只是时间问题。您会看到区块链在清算和结算、批发付款、股权和债券发行以及“了解客户”等领域遍地开花。

我们还会看到，在财产和其他形式的抵押品等领域中，交易往往很复杂，需要手动和多方干预，区块链会在这些方面发挥重大作用。

即使在有很多变化因素或等级的商品市场（例如，原油分为基准西得克萨斯中质油、布伦特原油、迪拜原油、低硫油和酸性油），区块链都有着很好的前景。

在六大洲，受监管的公司不断提出多个概念验证。监管机构正在以前所未有的热情参与区块链的测试、选择和应用，因此新兴的解决方案不仅功能强大、经过测试，而且可以扩展。对于寻求节约成本的受监管企业来说，这将可能成为 2017 年的工作重心。

商用区块链和监管责任共担机制将迎来一个业务模式、运营模式和收入模型推陈出新的时代。开拓者已经做好准备，计划在今年推出和推广商用解决方案。决策时刻已到：您希望成为颠覆者还是被颠覆者？

调研团队

ExpertInsights@IBV 代表了思想领导者对具有新闻价值的业务和相关技术话题的意见，根据与全球领先的主题专家的对话总结而出。

注释和来源

1 Baker, Jessi. “Trust in the Digital Age.” Provenance News.October 13, 2016. https://www.provenance.org/news/movement/trust-digital-age/

2 “DID YOU KNOW” sidebar. “Fintech:The Evolving Financial

Marketplace." U.S. Securities and Exchange Commission. https://www.sec.gov/spotlight/fintech

3 "FinTech Accelerator." Bank of England. http://www.bankofengland.co.uk/Pages/fintech/default.aspx

4 Andresen, Svein. "Chatham House Banking Revolution Conference Global Regulatory Developments and their Industry Impact." Financial Stability Board. November 3, 2016. http://www.fsb.org/wp-content/uploads/Chatham-House-The-Banking-Revolution-Conference.pdf

5 Chan, Norman. "HKMA Fintech Day." Hong Kong Monetary Authority. November 11, 2016. http://www.hkma.gov.hk/eng/key-information/speech-speakers/ntlchan/20161111-1.shtml

6 Hyperledger project:Members.Linux Foundation Collaborative Projects. Accessed February 20, 2017. hthttps://www.hyperledger.org/about/members

7 Bear, Keith, Nick Drury, Peter Korsten, et. al. "Leading the Pack in Blockchain Banking:Trailblazers Set the Pace." IBM Institute for Business Value and the Economist Intelligence Unit. September 2016. https://public.dhe.ibm.com/common/ssi/ecm/gb/en/gbp03467usen/GBP03467USEN.PDF

8 The Hyperledger Project:An open standard for blockchain for business.IBM. https://www.ibm.com/blockchain/hyperledger.html

9 del Castillo, Michael. "Currency Settlement Service CLS Reveals Big Blockchain Ambitions." Coin Desk. September 27, 2016. http://www.coindesk.com/cls-to-develop-blockchain-payment-service-on-ibm-fabric/

附录 1

金融领域区块链应用案例

1 中国银联

借助 IBM 区块链技术打造跨行银行卡积分通兑平台，优化与各大银行的结算流程与配置，提高客户忠诚度。

概述

需求

每年用以提高客户忠诚度的银行卡积分仅有50%被兑换，中国银联需要打造一个跨行积分通兑平台提高兑换率，并优化与各大银行以及商户的结算成本与流程。

解决方案

IBM® Blockchain™ 助力中国银联在打造积分通兑平台时链接交易各方信用，打造信用池，以期节省平台构建成本，提高结算效率。

优势

传统模式搭建积分通兑平台系统耗资巨大，IBM® Blockchain™ 具有去中心化、高安全、信用成本低、无法篡改和资料公开透明的分布式账本技术，节省了原本需要依赖第三方实现的信用验证成本，实现交易即结算。

中国银联是经国务院同意，中国人民银行批准设立的中国的银行卡联合组织，成立于2002年3月，总部设于上海。其主要职责是负责建设和运营银联跨行交易清算系统，推广统一的银行卡标准规范，为商业银行、特约商户、持卡人提供跨行信息交换、清算数据处理、风险防范等银行卡基础服务，推动银行卡产业集约化、规模化发展，同时联合商业银行，创建银行卡自主品牌。截止到2016年6月，银联网络已遍布亚洲、欧洲、美洲、大洋洲、非洲等160多个国家和地区。

信用验证“去中心化”的大趋势

奖励积分是银行常用的提高用户忠诚度的营销手段，但由于积分使用的场景、方式往往受限，大部分消费者对银行大力投入的积分市场并不关注。解决行业难题，打通各个积分兑换环节，活跃积分相关交易，重新获得消费者的关注是银联构建通兑平台的初衷。在积分兑换环节，作为消费者、银行，以及商户交易的中心化平台，银联需要跟每家银行进行结算，支出大量的配置成本用以实现信用验证。区块链技术可以让金融体系间的信任模式不再依赖诸如银行之类的中介，使得银行业务出现“去中心化”的趋势。

提升客户忠诚度，加速资本流动速率，实现金融机构存在价值

跨行积分兑换系统的打造可以解除积分使用的种种限制，但按照传统模式搭建该系统却成本极高。银联借助IBM® Blockchain™的分布式账本技术改变传统平台“管理信用”的方式，减少或去掉原来依赖第三方实现的信任过程以及成本，以期实现交易即结算。未来该平台将允许消费者与他人交易自己通过购物和其他奖励措施所获得的积分，通过开放银行间的激励机制以及增加可用的奖励种类来提升客户忠诚度。此概念原型由 IBM 超级账本 Fabric 网络 beta 版作为支撑，并且强调银行积分只能在被接受的合作伙伴之间进行交易。此举在大幅降低交易成本的同时，也将全面提升银行与商户的资本流动速率。

2　瑞穗金融集团

与 IBM 建立合作伙伴关系，探索基于区块链技术的新型金融服务，实现虚拟货币的交易即结算。

概述

需求

瑞穗金融集团希望借力迅猛发展的区块链等新兴科技，探索是否可解决例如虚拟货币的即时交换等金融问题，引领新一轮的金融创新。

解决方案

位于东京的 IBM® Garage 助力瑞穗快速体验 IBM® Blockchain™ 在 IBM® 创新云平台 Bluemix™ 的应用创建，助力客户迅速融入新科技下的金融使用场景。

优势

虚拟货币即时结算项目助力将以往需要两到三天的跨国交易结算工作缩短到一天之内。新的金融科技应用与创建，也将被及时复制到瑞穗各个子公司内部，令其共享最前沿的金融创新。

瑞穗金融集团（Mizuho Financial Group, Inc.）是日本第二大金融机构,成立于 2003 年 1 月 8 日。旗下包括瑞穗银行、瑞穗证券等金融机构，总从业人数超过 5 万。根据统计，瑞穗集团总帐户数高达 3,000 多万，涉及 17 万家企业客户，并和东京证交所 7 成的上市公司都有往来。

金融业的区块链技术决定了企业是发起颠覆还是被颠覆

处于现如今这个颠覆或被颠覆的数字时代，瑞穗深刻地认识到区块链、敏捷开发等新兴金融科技为我所用的必要性。利用最前沿的技术制造颠覆性的创新是瑞穗为业界所称道的企业文化之一。作为各个子公司战略制定的中枢纽带，瑞穗需要快速验证并明确区块链技术适用于哪些业务场景，在金融应用层面的局限性以及发展潜力，建立并普及适合于瑞穗集团各个子公司执行的应用发展规则。瑞穗当前优先与 IBM 合作研究，以期实现的场景为基于区块链技术的虚拟货币的即时交换。

车库体验为基于区块链的金融应用敏捷开发助力

众所周知，各国汇率、支付方式各有不同，难免导致跨国、跨机构的交易耗时耗力。在此情境下，瑞穗联手 IBM 研发基于以区块链技术为支撑的虚拟货币的即时结算系统，以期实现国际贸易的安全快速结算。

为实现虚拟货币即时结算的概念验证，瑞穗高层亲临 IBM 于 2016 年 5 月 25 日新设的东京 IBM Garage，体验了建立在 IBM 云平台 Bluemix 之上的“区块链即服务”。其开发人员可迅速创建基于区块链技术的分散式分类帐本（ledger）应用，并通过 Bluemix 上的 DevOps 开发、部署、执行与管理区块链应用，帮助瑞穗验证虚拟货币的区块链结算系统。

通过与 IBM 的合作，瑞穗实现了基于区块链技术的虚拟货币即时结算项目的概念验证，该项目助力将以往需要两到三天的跨国交易结算工作缩短到一天之内，为瑞穗提早布局金融业区块链以及实现颠覆性业务创新奠定了夯实的基础。

3　邮储银行携手 IBM 打造基于区块链技术的资产托管系统

中国邮政储蓄银行携手国际商业机器（中国）有限公司（IBM）在北京举办新闻发布会，宣布推出基于区块链的资产托管系统。该系统于 2016 年 10 月上线，已在真实业务环境中顺利执行了上百笔交易。通过与 IBM 的合作，邮储银行采用超级账本架构（Hyperledger Fabric）将区块链技术成功应用于真实的生产环境。这是中国银行业将区块链技术应用于银行核心业务系统的首次成功实践。

近日，国务院印发的《“十三五”国家信息化规划》，首次将区块链列入国家信息化规划，并将其定为战略性前沿技术。邮储银行始终坚持“科技引领”战略，高度重视对金融前沿产品、技术、流程、商业模式和商业应用的研究。据介绍，邮储银行此次推出的资产托管系统以区块链的共享账本、智能合约、隐私保护、共识机制等四大机制为技术基础，选取了资产委托方、资产管理方、资产托管方、投资顾问、审计方等五种角色共同参与的资产托管业务场景，实现了托管业务的信息共享和资产使用情况的监督。

典型的托管业务流程往往涉及多方参与，包括资产委托方、资产管理方、资产托管方以及投资顾问在内的多个不同金融机构。然而由于单笔交易金额大，参与方多，各方都有自己的信息系统，且交易方以往大多依托于电话、传真以及邮件等方式反复进行信用校验，该流程费时费力。

邮储银行推出的区块链解决方案实现了信息的多方实时共享，免去了重复信用校验的过程，将原有业务环节缩短了约 60%–80%，令信用交换更为高效。智能合约和共识机制将资本计划的投资合规校验整合在区块链上，并确保每笔交易都是在满足合同条款、达成共识的基础上完成。区块链具有不可篡改和加密认证的属性，可以确保交易方在快速共享必要信息的同时，保护账户信息安全。此外，区块链有助于审计方和监管方快速获取信息，提前干预和管控，继而提升整个行业的风险管理水平。

邮储银行行长吕家进表示：“区块链技术能够低成本地解决金融活动中的信任难题，将为多方交易带来前所未有的信任和信用的高效交换，具有推动金融业深刻变革的潜力。当前，金融科技蓬勃发展，金融业务不断创新，邮储银行期待与更多金融机构携手，共同建设基于区块链技术的金融生态体系。”

IBM 大中华区董事长陈黎明表示：“此次邮储银行区块链资产托管系统成功推出，对于金融行业影响巨大。随着科技的发展，IBM 希望和邮储银行进一步深化合作，推动区块链在更多领域的应用落地，也助力更多企业在中国乃至全球范围构建区块链生态体系，打造更为高效的商业环境。”

作为中国领先的大型零售银行，邮储银行拥有营业网点超过 4 万个，服务个人客户超过 5 亿户，拥有优异的资产质量和显著的成长潜力。

截至2016年末，邮储银行资产托管业务规模约4万亿元。IBM是全球领先的信息技术、咨询服务和业务解决方案公司，业务遍及170多个国家和地区。在区块链这一新兴技术领域，IBM推动的Linux基金会超级账本，是打造企业级区块链的成熟应用架构。邮储银行与IBM在信息技术领域进行了多项合作，目前双方致力于共同探索和推动区块链、人工智能等创新技术在银行业的应用。

附录2

供应链领域区块链应用案例

1 沃尔玛

携手 IBM 利用区块链技术追踪食品供应链，打造老百姓的安全餐桌。

概述

需求

沃尔玛希望提升食品体系的透明度，寻求行之有效的食品追溯解决方案，增强消费者信任度，打造健康品牌。

解决方案

IBM® Blockchain™ 助力沃尔玛记录每一个供应商的每一笔交易环节，全程数字化追踪食品供应链。

优势

通过对猪肉以及将要扩展到的其他食品的供应链的有效追踪，沃尔玛改变了其在食品追踪领域的落后状态，提升了自身在中国食品供应链的安全治理能力，大幅度提高了品牌健康效应。

沃尔玛 (Walmart) 是全球 500 强榜首企业，于 1962 年在阿肯色州成立，是美国最大的私人雇主和世界上最大的连锁零售企业。目前，沃尔玛在全球开设了超过 10,000 家商场，员工总数 220 多万人，分布在全球 27 个国家。每周光临沃尔玛的顾客超过 2 亿人次。

食品安全关乎你我，需从源头进行管理

不可否认，中国的食品安全问题层出不穷。试想如果食品从农场等供应商到商店货架最终再到消费者手中的每一个步骤都可追踪、可问责，是否食品安全问题可以不再困扰我们？然而，全球供应链管理水平远远低于人们的期望，实物交易常常涉及人工文件转移，难以保证在每个环节都跟踪实物和库存以及附带文件。沃尔玛积极响应中国政府对食品安全的呼吁，携手 IBM，利用区块链技术可以数字追踪供应链每一个步骤、永久性记录每一个交易环节，并且不能任意做修改的特点来替代传统的纸质追踪和手动检查系统，增强食品真伪判断相关的安全保障，以期实现食品安全的源头追踪与治理。

区块链项目保障中国猪肉产业供应链

中国是猪肉消费大国，猪肉消费量占到全世界的一半以上。做为最大的零售商，沃尔玛全球区块链计划的第一步始于保障中国市场的猪肉供应链安全。此项目利用 IBM 基于 Linux 基金会旗下开源软件 Hyperledger 建立的区块链技术，可及时将猪肉的农场来源细节、批号、工厂和加工数据、到期日、存储温度以及运输细节等产品信息，以及每一个流程的信息都记载在安全的区块链数据库上。通过该项目的实施，沃尔玛可随时查看其经销的猪肉的原产地以及每一笔中间交易的过程，确保商品都是经过验证的。全程追踪可保障食品变得更健康，为消费者带来实打实的好处，消费者信任自然会上升到新高度。同时，有效安全的数字化信息记录以及快速的供应链追根溯源也令沃尔玛的交易效率上升到新层次。

2　马士基和 IBM 推出首个基于区块链的行业级跨境供应链解决方案

全球贸易数字化解决方案使用区块链，针对货运公司、货运代理商、海运承运商、港口和海关所构成的网络中进行的交易实行管理，并令相关行业从中受益。

近日，IBM 和马士基宣布双方进行了一项新的合作，将使用区块链技术来帮助全球跨境供应链实现改变。

该区块链解决方案基于 Hyperledger Fabric 构建，可供海运和物流行业使用。该解决方案将端到端的供应链流程数字化，可帮助企业管理和跟踪全球数千万个船运集装箱的书面记录，提高贸易伙伴之间的信息透明度并实现高度安全的信息共享，其被大规模应用后有望为该行业节省数十亿美元。

每年，全球贸易中有 90% 的商品是通过海运行业运输的。IBM 和马士基计划与由货运公司、货运代理商、海运承运商、港口和海关当局构成的物流网络合作，构建全新的全球贸易数字化解决方案，并计划在 2017 年下半年投入使用。该解决方案利用区块链技术，在各方之间实现信息透明性，可以大大降低贸易成本和复杂性，旨在帮助企业减少欺诈和错误，缩短产品在运输和海运过程中所花的时间，改善库存管理，最终减少浪费并降低成本。马士基在 2014 年发现，仅仅是将冷冻货物从东非运到欧洲，就需要经由近 30 个人员和组织进行超过 200 次的沟通和交流。

为了证明商业贸易数字化解决方案的潜在价值，IBM 和马士基已经与许多贸易伙伴、政府当局和物流公司达成合作。例如，在欧盟研究项目与荷兰海关的一次试验中，来自 Schneider Electric 的货物通过马士基 Line 集装箱船从鹿特丹港运到纽瓦克港。美国国土安全部科技理事会和美国海关与边境保护局也参与了这次试验。马士基的供应链解决方案公司 Damco 在利用该解决方案的同时，为货运过程的原产地管理活动提供了支持。Damco 还通过从肯尼亚向 Royal FloraHolland 运送鲜花，以及从加尼福尼亚向其运送蜜橘和从哥伦比亚向其运送菠萝的国际运输，验证了这个向鹿特丹港运送货物的解决方案。

“作为一家立志实现全球贸易数字化的全球集装箱物流整合商，我们为这次合作，以及由此带来的全球供应链效率和生产力提升、减少欺诈和加强安全方面的巨大潜力感到兴奋，”马士基首席数字官 Ibrahim Gokcen 说，“我们与 IBM 的合作项目旨在通过探索一项颠覆性技术（比如区块链）来解决真实的客户问题，为整个行业打造创新的业务模式。我们使用的解决方案不仅会降低使用者的货物成本，还可以使新兴和发达国家的更多企业更轻松地参与到全球贸易中。”

工作流程得到改善 货物状态可实时查看

国际贸易参与方不仅需要改善工作流程，还希望能随时查看运送中的货物状态。他们需要一种更加快速、高度安全且更为高效的方式来处理跨境运输货物所需的文件备案流程。

贸易文件处理和管理方面的相关成本约占实际运输成本的 1/5。一艘船可装载数千批货物，除了转移文书的成本，相关支持文件也可能出现延迟、丢失或放错地方的状况，导致问题变得更复杂。

工作原理：

- 区块链是一种不可篡改、高度安全且透明的共享网络，可根据每个参与者的权限级别为其提供端到端的可见性。
- 供应链生态系统中的每个参与者都能查看货物在供应链中的进度，了解集装箱已运输到何处。他们还能查看海关文件的状态或者查看提货单和其他数据。
- 通过实时交换原始供应链事件和文档改善对集装箱在供应链中所处位置的详细追踪。
- 未经网络中其他方的同意，任一方都不能修改、删除，甚至附加任何记录。这种级别的透明度有助于减少欺诈和错误，缩短产品在运输和海运过程中所花的时间，改善库存管理，最终减少浪费并降低成本。

该解决方案可以通过一个与供应链生态系统参与方相连的数字基础架构或数据管道来实时交换原始供应链事件和文档。这可以将运输流程与合作伙伴进行整合，建立具有更高透明度且能进行可信访问的评估框架，从而推动实现可持续的运输。荷兰海关局贸易关系主管 Frank Heijmann 和 HM Revenue and Customs 海关研发主管 David Hesketh 最初构想了一个可通过云集中共享数据和货运信息的行业标准 API。欧洲委员会各服务部门（移民与家庭事务总局、税收和关税同盟总局）通过紧密合作，在 EU FP7 CORE 示范项目中对它进行了进一步的开发。“荷兰海关局认为这一数据管道有助于贸易便利化与执法的平衡，可以从商业角度优化供应链中的信息共享，政府当局也可以再次审查信息流，”Heijmann 说，“它提高了效率、合规性和安全性，满足了全球供应链中的贸易方和政府需求。供应链的可见性很好地服务了多方的需求。”

对货运公司而言，这一解决方案可以帮助公司减少贸易备案和处理工作的成本，解决由于转移文书出错而产生的延迟问题。该解决方案还可以对在供应链中移动的集装箱随时跟踪。对海关而言，该解决方案的作用是提供实时跟踪，带来更多可用于风险分析和确定目标的信息，从而加强安全性，提高边境检查清关手续的效率。

“我们认为新的供应链解决方案是一项革命性技术，有可能完全颠覆和改变全球贸易的运作方式。”IBM Industry Platforms 高级副总裁 Bridget van Kralingen 表示，“我们与马士基有着多年的紧密合作，很早就知道供应链和物流行业所面临的挑战，并且了解在海运行业生态系统中广泛使用区块链可以带来显著的节省。我们通过集体的智慧，创建了一种新的模型，来帮助物流行业提高在全球交付货物的透明度和效率。”

附录 3　扫码阅读

1　音频解读区块链

掌柜的，给我来条蓝色的区块链（上）

掌柜的，给我来条蓝色的区块链（下）

我到底该不该上马区块链？
听实践者说（上）

我到底该不该上马区块链？
听实践者说（下）

2 区块链在线学习中心

IBM 区块链首页

区块链在线学习中心

加入区块链开发者社区 Hyperledger

区块链开发人员中心

区块链技术基础：分布式账本简介

示例：Hyperledger Fabric 架构上的区块链网络

3　相关网址

IBM 商业价值研究院

IBM 全球企业咨询服务部

IBM 中国

IBM 中国研究院

IBM CDL 中国开发中心

IBM 在线知识库